AF569797

Die schönsten Autotouren in Südtirol

Mals
Malles Venosta

Oswald Stimpfl

Die schönsten Autotouren in Südtirol

Spektakuläre Straßen, einladende Gaststätten, kurze Wanderungen

Folio Verlag Wien – Bozen

HINWEIS

Alle Angaben erfolgen nach bestem Wissen und Gewissen. Sämtliche Informationen wurden gewissenhaft recherchiert, doch Ruhetage oder Öffnungszeiten können sich kurzfristig ändern. Daher empfehlen wir Ihnen, sich vorher zusätzlich telefonisch zu informieren. Die beschriebenen Spaziergänge und Wanderungen werden auf eigenes Risiko unternommen; Autor und Verlag übernehmen keinerlei Haftung.

SYMBOLE

Gehzeit
Strecke
Höhendifferenz

BILDNACHWEIS

Blickle, Frieder: Umschlagbild, S. 2, 137
Brunner, Adele: S. 116
IDM Südtirol, Benjamin Pfitscher: S. 99
MuseumHinterPasseier, Gögele Hubert: S. 36
Museum Ladin: S. 129
Tourismusverein Deutschnonsberg, Hannes Niederkofler: S. 49, 50
Tourismusverein Eppan, Helmut Rier: S. 68
Tourismusverein Ritten, Tiberio Sorvillo: S. 109
Tourismusgenossenschaft Ultental/Proveis, Frieder Blickle: S. 53
Wikicommons, Snowdog: S. 126 u.
www.valgardena.it, Dietmar Denger: S. 125
www.valgardena.it, Lukas Runggalider: S. 121
www.visitfiemme.it, Sirio Blue Film Srl: S. 85

Alle anderen Fotos stammen von Oswald Stimpfl.

© Folio Verlag, Wien – Bozen 2021
Redaktion: Adele Brunner
Korrektorat: Joe Rabl
Grafikkonzept: no.parking, Vicenza
Satz und Druckvorstufe: Typoplus, Frangart
Kartografie: Casa editrice Tabacco Srl, Tavagnacco
Printed in Italy
ISBN 978-3-85256-831-7
www.folioverlag.com

INHALTSVERZEICHNIS

Vorwort

Liebe Leserin, lieber Leser,
eine große Filmdiva meinte einst: „Eine Kurve ist die lieblichste Entfernung zwischen zwei Punkten." Mit Sicherheit hatte sie andere Rundungen im Kopf als wir heute, sicher ist: Ohne Kurven gibt es keine Fahrfreude, bei einer Welt nur aus Geraden bräuchte es keine Autos, des Menschen liebstes Spielzeug.
Sind Sie mit dem eigenen Fahrzeug angereist? So wie Sie kommen auch die meisten Gäste mit dem Auto, wenige reisen mit Bus und Bahn an. Südtirol ist nicht mit dem Flugzeug erreichbar, in der Landeshauptstadt gibt es nur einen kleinen Regionalflughafen. Das ist gut so, zumindest für die Umweltbilanz, wir wissen es alle längst: Flugreisen sind besonders umweltschädlich, also besser am Boden bleiben.
In diesem Buch möchte ich Ihnen Tipps für entspannte Autotouren mit lohnenden Stopps geben. Mittlerweile gehen die großen Transit-

und Verbindungsrouten teils durch Tunnel und auf Viadukten über Autobahnen und Schnellstraßen, Ortschaften werden umfahren, viele alte Landstraßen sind somit vom großen Verkehr befreit. Sie werden nun zu Genussstrecken für Reisende, die gerne Halt in schönen Dörfern und an bezaubernden Plätzen machen, die Natur und Kultur erkunden und die Umgebung auf sich wirken lassen.

Kommen Sie mit auf erlebnisreiche Fahrten über hohe Pässe und steile Bergstraßen mit beeindruckenden Serpentinen und engen Haarnadelkurven, die Ihnen Konzentration abverlangen, zum Rand der Gletscher, an kristallklaren Seen vorbei, durch die Weinlandschaft im Süden Südtirols. Erleben Sie den Genuss am Wegesrand in vorzüglichen Lokalen und urigen Almwirtschaften und lassen Sie sich zu kurzen Wanderungen zu besonderen Natur- oder Kulturdenkmälern begleiten. Sie werden sich an das Vergnügen und die Freude an Ihren Erlebnissen lange und gern erinnern!

Oswald Stimpfl

Reschenpass
P.so di Resia
1507
Etschquellen
Sorg. dell'Adige
2982
Plamorder Sp.
Jochbodenk.
Piz Russenna
2802
Resia
Reschen
Frojen
Froia
St. Anna
S. Anna
1530
Langtaufers Vallelunga
Patzin
Kapron
Caprone
Rojen
Roia
1973
Reschensee
Lago di Resia
Graun
Curòn
Elferspitz
Cima Undici
2926
36.3
Danzenb
3148
Grionkopf
2896
Valatsch
St. Valentin
S. Valentino
1470
Mittereck
P. di Mezzo
2908
Dörfl
Montaplair
Rasass Spitz
2941
Haidersee
L. d. Muta
1785
St. Martin
Plawenn
Piavenna
Planeiltal Val di Planol
Watles
M. Vatles
2555
Alsack
Alsago
12.3
Burgeis
Burgusio
Planeil
Planol
Schlinig
Slingia
1726
Kloster Marienberg
Abb. di M. Maria
Schlinigertal V. Slingia
Matscher Tal
Mals
Malles
Schleis
Clusio
1051
Matsch
Mazia
1576
Tartsch
Tarces
Laatsch
Laudes
21.6
R. Ramm
Schluderns
Sluderno
Glurns
Glorenza
908
921
Schl. Churburg
Cast. Coira
Rambach
Taufers
Tubre
1230
Rifair
Rivaira
Münstertal Val Monastero
Claustra
S. Gian
Lichtenberg
Montechiaro
Etsch
Spondigna
Spondinig
Agums
Agumes
920
Piz Chavalatsch
2764
St. Johann
S. Giovanni
Tschengls
Cengles
Stilfs
Stelvio
1306
R. Solda
Prad am S. J.
Prato allo Stelvio
Stilfser Brüke
Schafberg
TABACCO

1 | Durch den oberen Vinschgau

Spondinig → Schluderns → Tartsch → Mals → Graun → Reschen → Burgeis → Laatsch → Glurns → Prad → Spondinig

⚠ **Reine Fahrzeit 1 h 30 min, 64 km**

Hier liegt sie also, die viel beschriebene kontrastreiche Landschaft des Obervinschgaus, im westlichsten Teil Südtirols, an der Grenze zu Österreich und der Schweiz. Die Fahrt geht durch die überraschend weite Gegend der Malser Haide, am Reschenpass fällt der Kirchturm im See auf. Im Süden ragen die weißen Gletscher der Ortlergruppe in den Himmel. Burgruinen, romanische Kirchen, Klöster und Hospize säumen die Straßen und zeugen von einer geschichtsträchtigen Vergangenheit dieser Grenzregion. Durchs Tal fließt die noch junge Etsch, an den Talausgängen, auf Murkegeln und in Hangmulden liegen schmucke Dörfer.

Wir beginnen unsere Tour in **Spondinig** und fahren auf der Vinschgauer Staatsstraße 4,3 km bis **Schluderns**. Dieses pittoreske, für den Obervinschgau typische Haufendorf schmiegt sich an den Bergfuß des Sonnenbergs, von der imposanten, zinnengekrönten Churburg überragt.

Die Churburg

Sie diente lange Zeit als Bollwerk der Habsburger gegen die kriegerischen und wehrhaften Eidgenossen. Die Grafen Trapp bauten sie um 1500 zum eleganten Wohnschloss um, das sie noch heute bewohnen und für Publikum geöffnet halten. Berühmt ist die eindrucksvolle Sammlung von Rüstungen. www.churburg.com, P bei der Burg

Von Schluderns geht es weiter in Richtung Mals und Reschen, am E-Werk mit den zwei Aluminiumrossen vorbei, sie sollen die vom Menschen gebändigte Wasserkraft symbolisieren. Beim geschichtsträchtigen Hügel von **Tartsch** legen wir eine kleine Pause ein.

RUND UM DEN TARTSCHER BICHL

Zwischen Mals und Schluderns zieht eine mit kargem Gras bewachsene Felskuppe mit einer romanischen Hügelkirche, von den Einheimischen „Tartscher Bichl" genannt, den Blick auf sich. Um den Hügel herum führt ein einfacher, aber äußerst lohnender Spazierweg, der „Bichlsteig". Bei der Kirche von Tschars an der Vinschgauer Staatsstraße beginnend folgen wir den Hinweisschildern auf die mystische Anhöhe – und schon ist man weg von der Hektik der Staatsstraße und taucht in eine andere, stille Welt ein. P bei der Kirche von Tschars

mit Abstecher zur Kirche: 45 min 2,7 km kaum Auf- und Abstiege

Weiter geht die Fahrt nach **Mals**, 4 km von Schluderns entfernt.

Mals

Mals ist der Hauptort dieses Talabschnitts, Militärstützpunkt, Oberschul- und Verwaltungszentrum, mit schönen Läden und gutem Restaurantangebot. Für den Dorfbummel gehen wir vom äußersten Westen über die Benediktstraße, die nach der uralten, romanischen Kirche dort benannt ist, in wenigen Minuten ins Zentrum. Fallen Ihnen an Häusern sonderbare Schriften auf? Es sind Titel von Gemälden und Werken, sie erinnern an Karl Plattner, einen der großen Künstler und Maler Südtirols. Er stammte aus Mals und hat in seinen Bildern viele Dorfszenen eingefangen. P bei der Benediktkirche

Am Nordrand von Mals verlassen wir die Hauptstraße und biegen an einer Straßengabelung rechts in eine Nebenstraße nach **Alsack** ab. Durch weite Wiesen schlängelt sich die Straße über die Schräge der Malser Haide, einen riesigen, durch Bachsedimente entstandenen Murschwemmkegel, jetzt bestes Wiesen- und Ackerland. Diese Nebenstrecke nach Alsack ist nicht nur landschaftlich beeindruckend, sondern auch herrlich einsam, ein echter Geheimtipp. Die wenigen Häuser des Weilers scharen sich um das Kirchlein Maria Schnee.

Nach dem Dorf Alsack biegen wir an einer Wegteilung links ab, die Straße mündet nach 3 km beim wunderbar gelegenen Haidersee wieder in die Staatsstraße. Kurz nach **St. Valentin** riegelt ein fast 500 m

breiter, begrünter Schüttdamm das Tal ab und staut den Reschensee, den größten See Südtirols, auf. Die Straße begleitet ihn an der Ostseite durch Lärchenwiesen, an Felsen und teilweise auf Viadukten und durch Tunnel nach **Graun**.

Der „versunkene" Kirchturm

Bei Graun ragt unübersehbar und überraschend ein Kirchturm aus dem Reschensee. Das viel fotografierte Motiv ist der letzte Zeuge von Alt-Graun. Um elektrische Energie zu gewinnen, wurde 1949 ein Staudamm errichtet, die alten Bauernhöfe und die Kirche, die sich auf dem Gelände befanden, wurden bis auf den Kirchturm gesprengt und die fruchtbaren Wiesen und Felder geflutet. Der einstige Schicksalssee hat sich zu einem beliebten Freizeitrevier für Segler, Radfahrer, Jogger, Kitesegler und -surfer und im Winter für Eissegler und Eisläufer gewandelt.

Von Graun geht es weiter in nördlicher Richtung nach **Reschen**.

Seehotel Panorama Relax: Der Seeblick von der Terrasse ist einmalig, das Essen gepflegt, nicht nur die Hausgäste dieses Komforthotels, auch Passanten fühlen sich hier wohl. Hauptstraße 19, Reschen, Tel. 0473 633118, www.seehotel.it, P

SPAZIERGANG AM RESCHENSEE

Wie wäre es mit einem gemütlichen Spaziergang am Ufer entlang? Ein 15 km langer, asphaltierter Wander- und Radweg umrundet den See. Wir bleiben ein Stück am Ostufer, es geht durch grüne Wiesen, der See ist immer im Blick. Das Terrassencafè und Restaurant Mein Dörfl liegt am Uferweg P, beschilderte Abfahrt am südlichen Ortsbeginn von Reschen bei km 28/VI, beim roten Straßenwärterhaus.

Am nördlichen Dorfrand von Reschen biegen wir links ab und beginnen die Rückfahrt unseres Rundkurses auf der Westseite des Sees. Wir folgen zunächst den Schildern „Schöneben" und „Rojental" nach St. Valentin. Den Haidersee und den Ortler mit seiner Gletscherkappe im Blick geht es von dort weiter nach **Burgeis**.

Burgeis

Das Dorf duckt sich mit seinen ineinander verschachtelten Häusern an den Höhenzug des Watles, beschützt vom wuchtigen Kloster Marienberg und der Fürstenburg, der einstigen Residenz des Hauptmanns der Churer Fürstbischöfe. Es ist ein schönes Beispiel eines alten Haufendorfs mit interessanten Details an den Häusern: Erker, Torbögen, Fresken und Freitreppen. Die Pfarrkirche birgt Kunstschätze wie die steinernen Köpfe aus der Romanik am kleinen Seitenportal, Fresken von Conrad Waider, eine Muttergottesstatue am Hauptaltar und eine romanische Pietà am linken Seitenaltar. P an der Dorfeinfahrt

Kloster Marienberg

Seit über 800 Jahren beeindruckt der mächtige Bau oberhalb von Burgeis, auf 1.340 m die höchstgelegene Benediktinerabtei Europas. Berühmt ist die romanische Krypta für ihre byzantinisch beeinflussten Fresken von Engeln. Jahrhundertelang war Marienberg das kulturelle und geistige Zentrum des Obervinschgaus. Das Kloster gibt sich modern und offen, mit dem Museum „Ora et labora", Gästehaus, Souvenirshop und Klostercafé. P nahe dem Kloster an der Straße nach Schlinig. Infos: www.marienberg.it, So. nur Kirche zugänglich

Von Burgeis nach Mals geht es wieder talab, wir biegen an der Dorfeinfahrt von Mals rechts ab. Im Westen öffnet sich das Münstertal zur Schweiz hin, an seinem Beginn schmiegt sich das Dörfchen **Laatsch** an den Berghang. Auffällig ist, dass die Straße in einem „Tunnel" unter der gotischen (sehenswerten) Leonhardskirche durchführt!

In Laatsch decken wir uns in der **Bäckerei Schuster** mit köstlichem Palabirnenbrot ein: Die Palabirne ist eine alte Vinschger Birnensorte. Für das Birnenbrot werden gedörrte Birnenspalten, „Birn-Schnitz", in den Brotteig gemengt. Bäckerei-Konditorei Schuster, Laatsch 139, Mals, Tel. 0473 831340, www.schuster.it

Von Laatsch geht es westwärts zum Dorf hinaus, beim Sportplatz treffen wir auf die SS 41, die von Taufers und der Schweiz kommend ins Städtchen Glurns führt.

Glurns

Das vollständig von Stadtmauern umgebene Städtchen mit seinen knapp 800 Einwohnern ist eine der kleinsten Städte der Alpen und als eine der schönsten Ortschaften Italiens gelistet. Bei einem Rundgang werden Ihnen neben den wehrhaften Stadtmauern, Toren, einer Gasse mit niedrigen Laubengängen noch gotische Netzgewölbe, Höfe mit Arkaden, Fresken, Zunftzeichen, Fenster- und Toreinfassungen in Stein und Putz begegnen. P vor dem Malser Tor, Info zu Stadtführungen: Tel. 0473 831097, www.ferienregion-obervinschgau.it

Unscheinbar von außen, aber innen strahlt das **Gasthaus zur Post** den Flair einer der ältesten Gaststätten des Landes aus, die die Jahrhunderte überdauert hat und gute Küche und modernen Komfort bietet. Garten mit Kinderspielplatz. Florastraße 15, Glurns, Tel. 0473 831208, www.hotelpostglorenza.com, P im Innenhof

Von Glurns geht es weiter zum Weiler **Lichtenberg**, dort liegt etwas erhöht die mächtige gleichnamige Burganlage, sie beeindruckt selbst als Ruine noch durch ihre stolze Größe. Sie wurde von den Tiroler Grafen im 12. Jh. zur Festigung der Herrschaftsansprüche im Vinschgau gegen die Churer Bischöfe erbaut. Infos zu Führungen beim Tourismusbüro Prad, Tel. 0473 616034

Noch wenige Kilometer und wir sind in **Prad**, dort stoßen wir auf die SS 38, die Stilfser-Joch-Straße, (siehe Seite 17).

Das Stilfser-Joch-Nationalparkhaus „Aquaprad"

Die Anlage in Prad präsentiert den größten und ältesten Naturpark Italiens. Ein Schwerpunkt der Ausstellung ist das Wasser im Gebirge, hier können in zwölf geräumigen, naturechten Aquarien 35 heimische Fischarten bestaunt werden. P beim Naturparkhaus. Tel. 0473 618212, im Sommer 9–18 Uhr, Mo. Ruhetag, www.aquaprad.com

Von Prad sind es nur mehr 4 km zum Ausgangspunkt unserer Rundtour in **Spondinig**.

2 | Über das Stilfser Joch und den Umbrailpass

Spondinig → Prad → Gomagoi → Trafoi → Stilfser Joch → Umbrailpass → Müstair → Taufers i. Münstertal → Glurns

Reine Fahrzeit 1 h 35 min, 65 km

Eine Rundfahrt der Superlative: Das Stilfser Joch ist der höchste Pass Italiens, der Umbrailpass der höchste der Schweiz. Auf 65 km werden 1.900 Höhenmeter zurückgelegt. Die Tour ist umgeben von einem Kranz von Dreitausendern, darunter auch König Ortler, mit 3.905 m der höchste Gipfel der Ostalpen. Wir sind in zwei Staaten unterwegs, in der Schweiz und in Italien, dabei überschreiten bzw. überfahren wir nicht nur Länder-, sondern auch Sprachgrenzen. Die Dreisprachenspitze am Stilfser Joch erinnert uns daran, dass im Schweizer Gebiet Bündnerromanisch (Rumantsch), in Südtirol Deutsch und westlich des Jochs Italienisch gesprochen wird. Erkundigen Sie sich vor der Fahrt über das Wetter, auf dieser Höhe ist auch im Sommer bei Wetterumstürzen Schnee keine Seltenheit. Und Personalausweise nicht vergessen, die Schweiz ist kein EU-Land und die Grenzer können manchmal pingelig sein!

Start unserer Runde ist Spondinig im Talgrund des Vinschgaus, wir queren das Tal, fahren durch **Prad** (siehe auch S. 14), hier beginnt der 24 km lange Anstieg zum Stilfser Joch. Nach 6,6 km, beim kleinen Straßendorf **Gomagoi**, lassen wir die Abzweigung

nach Sulden unbeachtet, nach einem Flachstück liegt an der Straße eine Festung aus der Zwischenkriegszeit, die Straße geht mittendurch. Nach den Lawinenschutzbauten beginnen wir mit dem Zählen der Serpentinen und fangen mit der Nr. 48 an! Nach einem langen Waldstück erreichen wir **Trafoi**.

Hotel Bella Vista: Das Familienhotel der Skisportlegende Gustav Thöni bietet neben Komfort und guter Küche schöne Ausblicke auf die Gletscherwelt. Auch Tagesgäste sind in den rustikalen Stuben oder auf der Panoramaterrasse mit Blick auf die Gletscher vom Ortler willkommen. Großer Kinderspielplatz. Stilfser-Joch-Straße 17, Trafoi, Tel. 0473 611716, www.bella-vista.it, P

ZU DEN HEILIGEN DREI BRUNNEN BEI TRAFOI

Bei Trafoi steht in einem Seitental auf einer Wiese versteckt das Kirchlein zu den Hl. Drei Brunnen. Einsam und am Ende des von Gletschern und Bächen geformten Tals liegt dieser kleine Marien-Wallfahrtsort. Was die drei Brunnen betrifft, erzählt die Legende, dass im 13. Jh. der fromme Hirte Moritz beobachtete, wie aus einem Felsen am Waldrand, unterhalb der Felsen der Ortlerwand, drei Quellen hervorbrachen und einen mächtigen Bach entstehen ließen. Die Marienstatue in der kleinen Kirche ist das Ziel von Wallfahrern. 0,5 km nach Trafoi (Hinweisschild „Drei Brunnen") führt eine asphaltierte Zufahrtsstraße (1 km) zu einem Wiesenboden mit einem unbewohnten Militär-Ferienheim und dem Parkplatz P. Ein breiter ebener Weg geht von dort durch Wiesen und Wälder in 10 min zum Kirchlein.

Ab Trafoi beginnt die eigentliche Steigung, durch Fichten und Lärchenwald zieht sich die Straße aufwärts, an der Waldgrenze liegt das Gasthaus Zum Weißen Knott mit toller Aussicht an der Straße (Tel. 371 3090717). Nun begleiten uns steile Almwiesen, das Gasthaus Franzenshöhe (2.188 m), ein großes, traditionsreiches, modern ausgestattetes Haus (Tel. 335 5321714, www.franzenshoehe.com), ist die letzte Einkehrmöglichkeit vor der Passhöhe. Der Blick in die Höhe, wo über den vielen Serpentinen im Passeinschnitt die ersten Häuser vom Joch herabschauen, ist beeindruckend.

Die Stilfser-Joch-Straße

Die kühn angelegte Straße über das Stilfser Joch (2.757 m) wurde im 19. Jh. aus militärischen Gründen gebaut, die damals österreichische Lombardei sollte mit Tirol verbunden werden. Mit 48 Kehren auf der Südtiroler und 36 auf der lombardischen Seite bis Bormio bei einer Gesamtlänge von nur 60 km ist sie eine der schönsten Passstraßen Europas. Die Fahrt vom üppig grünen Talboden bei Prad bis zu den Gletschern am Pass und der Anblick des 3.905 m hohen Ortlers ist allemal ein Erlebnis. Die Straße wurde unter schwierigsten Bedingungen auch im Winter offen gehalten. 1820 begann der Straßenbau, nach fünf Jahren konnte die Straße befahren werden. Nach dem Anschluss von Südtirol an Italien hat die Straße ihre militärische Bedeutung verloren, nun steht die touristische Nutzung im Vordergrund. Am Stilfser Joch bringen Seilbahnen die Sommerskifahrer vom Hoteldorf in Passnähe auf die vergletscherten Hänge, wo sich auch die Welt-Ski-Elite zum Sommertraining trifft.

Ein Meuchelmord am Stilfser Joch

Ein Marmorgedenkstein an der Straße beim Gasthaus Zum Weißen Knott erinnert heute noch an eine dort verübte Mordtat. Am 16. Juli 1876 stieß hier der englische Kaufmann Henry Perreau de Tourville seine Frau Madeleine Miller in die Tiefe, um an ihr Erbe zu gelangen. Der Mord wurde aufgeklärt, die Richter in Bozen verurteilten Tourville zum Tode, später wurde er zu 20 Jahren Haft begnadigt und starb schließlich im Grazer Gefängnis.

Nach dem Joch geht es bergab, an der Wegteilung mit der Straße nach Bormio halten wir uns rechts, nach dem italienischen Straßenwärtergebäude (Casa Cantoniera) und dem Schweizer Zoll erinnert vor dem Restaurant Berghaus Astra (Tel. +41 079 5133916) eine Installation mit lebensgroßen schemenhaften Metallsoldaten an den Ersten Weltkrieg, als sich hier Italiener und Österreicher bekriegten. Nun geht es bergab, über den **Umbrailpass** – mehr ein breiter, flacher Sattel als ein Pass – auf Santa Maria zu.

Der Umbrailpass

Seit Jahrtausenden war der Übergang (2.501 m) ins Veltlin ein wichtiger Verbindungsweg vom Inntal in den Mailänder Raum. Es ist der höchste befahrbare Schweizer Pass. Bereits im 18. Jh. wurde der Pass auch im Winter frei gehalten. 1901 wurde die Straße von Santa Maria bis zum Umbrailpass neu trassiert und an die Stilfser-Joch-Straße angeschlossen, die schon 75 Jahre früher ausgebaut worden war. Die bis vor wenigen Jahren unbefestigte Straße ist mittlerweile durchgehend asphaltiert, das schätzen besonders die Rennradfahrer.

Vom Umbrailpass bis zum Dorf Santa Maria geht es zügig durch einsame Berglandschaft bergab, kurz vor Sta. Maria, bei Plattatschas, liegt das Gasthaus Alpenrose (Tel. +41 (0)81 8585230, www.alpenrose-umbrail.ch) am Weg. Im Talgrund fahren wir auf die Bundestraße 28 auf, in 4 km sind wir im Dorf **Müstair** mit dem gleichnamigen Kloster angelangt.

Die Klostergründung von Müstair, Legende oder Wirklichkeit?

Der Überlieferung nach ist der deutsche Kaiser Karl der Große, nach seiner Krönung zum König der Langobarden, mit seinem Gefolge über den Umbrailpass gezogen. Dabei kamen sie in einen fürchterlichen Schneesturm. Als Dank für die Rettung soll er das Kloster St. Johann gestiftet haben. Tatsache ist, dass Ende des 9. Jh. eine monumentale Klosteranlage erbaut wurde.

Müstair, Tal, Ort und Kloster

Müstair ist das östlichste Dorf der Schweiz und gleichzeitig eine Enklave, das gleichnamige Tal läuft vom Ofenpass zum Südtiroler Vinschgau aus, vom Graubündner Hauptgebiet ist es durch den Ofenpass getrennt. Im Tal wird bis zur Schweizer/italienischen Staatsgrenze rätoromanisch gesprochen, der Ortsname Müstair heißt auf Deutsch Münster und leitet sich vom lateinischen „monasterium" ab, was Kloster bedeutet. Das Kloster hat demzufolge dem Ort und dem Tal seinen Namen gegeben. Berühmt ist im Kloster neben den Fresken aus dem 8. Und 12. Jh. die Statue Karls d. Großen. Ursprünglich ein Männerkloster, wurde es im 12. Jh. in ein Benediktinerinnenkloster umgewandelt und in den nachfolgenden Jahrhunderten laufend verändert. Seit 1983 gehört die Klosteranlage zum Weltkulturerbe der UNESCO. Führungen, Öffnungszeiten von Klosterladen und Museum unter www.muestair.ch, P gegenüber dem Museum

Nach 1 km von Müstair erreichen wir die Landesgrenze zu Italien und von dort sind es noch 1,6 km bis nach **Taufers im Münstertal**, dem ersten Südtiroler Dorf.

Das Hospiz von Taufers i. M.

Mittlerweile liegt Taufers an einer alpenquerenden Nebenstrecke und hat viel von der einstigen Bedeutung verloren. Kulturdenkmäler wie die Burgruinen Rotund und Reichenberg als Wächter über die Durchgangsstraße sowie das Pilgerhospiz St. Johann in Taufers i. M. erinnern uns an diese Zeiten, wo gleich zwei religiöse Einrichtungen für die Betreuung der Reisenden zuständig waren: die Benediktiner in Müstair und der Ritterorden der Johanniter in Taufers. Das außergewöhnliche, z. T. zweigeschossige Ensemble aus Kirche und Hospiz ist mit romanischen Fresken aus dem frühen 13. Jh. ausgestattet. Es liegt direkt an der Straße an der Ortsausfahrt von Taufers.

Tuberis Nature & Spa Resort: Das einstige Hotel Lamm hat sich gewandelt, aber Tagesgäste sind in der modernen Bar und dem Panoramarestaurant mit großer Sonnenterrasse an der Südseite gern gesehen. Gute Küche, Eis, Kuchen. St.-Johann-Straße 37, Taufers im Münstertal, Tel. 0473 832168, www.tuberis.com, ganzjährig geöffnet

Von Taufers i. M. fahren wir durchs Münstertal nach **Glurns** (9 km, siehe auch S. 14) und weiter bis **Spondinig**, unserem Startpunkt.

Die Calvenschlacht

Der Landstrich kurz vor Glurns, an der neuen Brücke über den Rambach, heißt an der Calven. Im Februar 1499 mündeten die jahrelangen Grenzstreitigkeiten und gegenseitigen Übergriffe zwischen den Eidgenossen und dem Haus Habsburg in einen heftigen Krieg. Bei der Schlacht an der Calven erlitt das Heer der Habsburger eine vernichtende Niederlage mit Tausenden von Toten. Es war die größte und blutigste Auseinandersetzung, die es je in Südtirol gegeben hat, eine Gedenktafel an der alten Brücke erinnert daran.

3 | Ins wildromantische Martelltal

Meran → Latsch → Goldrain → Ennewasser → Martell

⚠ **Reine Fahrzeit 2 h 10 min, 103 km**

Von der lebhaften Kurstadt Meran geht die Fahrt durch den unteren Teil des Vinschgaus, ein einziger Apfelgarten, um dann südwärts mit dem 30 km langen Martelltal in die Berge vorzustoßen. Das Tal zieht sich als tiefer Einschnitt ins Herz der Gletscherregion um Ortler und Cevedale. Im etwas breiteren Mittelteil liegt auf der Sonnenseite die Streusiedlung Martell auf 1.350 m Höhe. Es lohnt sich, die kurvenreiche Straße bis ans Talende zu befahren, wo ein hoher Damm den grünen Zufritt-See (1.850 m) aufstaut. Am Ende der Straße (2.050 m) starten Wanderwege verschiedener Schwierigkeitsgrade in die spektakuläre Bergwelt.

Wir verlassen Meran auf der Strecke wie bei Tour Nr. 4, umfahren Naturns und fahren an **Kastelbell** vorbei, wo die gleichnamige Burg rechts über der Straße thront.

Burg Kastelbell

Die stolze Burg auf einem Felsen, die dem Dorf den Namen gab, bewacht die Vinschger Straße. Im 13. Jh. erbaut, gehört die Anlage nach mehrmaligem Besitzerwechsel jetzt dem Land Südtirol. Eine Dauerausstellung erzählt von der alten Römerstraße Via Claudia Augusta, die hier vorbei über den Reschenpass nach Augsburg verlief. Tel. 0473 624193, www.schloss-kastelbell.com

Wir fahren weiter auf der Vinschger Straße, die wir an der Dorfeinfahrt von **Latsch** verlassen und links ins Dorf hineinfahren. Seit die Umfahrungsstraße den Durchreiseverkehr fernhält, ist es in Latsch, dem Hauptort im mittleren Vinschgau, ruhiger geworden.

Spitalskirche Latsch

Die unscheinbare gotische Spitalskirche zum Heiligen Geist birgt einen wahren Schatz: den um 1520 geschnitzten kostbaren Flügelaltar von Meister Jörg Lederer und Malereien, die Hans Schäufelin, einem Zeitgenossen Dürers, zugeschrieben werden. Die Freskenzyklen an den Kirchenwänden, darunter ein Jüngstes Gericht, die verschiedenen Werke der Barmherzigkeit, das Pfingstwunder, die Brotvermehrung, stammen aus dem 17. Jh. Infos: Tourismusbüro Latsch, Tel. 0473 623019, www.vinschgau.net

Nach der Dorfbesichtigung von Latsch fahren wir auf der Landesstraße 90 auf der orografisch rechten Seite der Etsch zum Dorf hinaus, nach 4 km, bei **Goldrain**, biegen wir nach links ins Martelltal ab.

Kräuter, Tees & Co.: Kurz nach Goldrain, an der Straße ins Martelltal, zieht rechter Hand das gelbe, zinnengekrönte **Kräuterschlössl** die Blicke auf sich und stimmt auf das Farb- und Dufterlebnis im Hofladen und Schaugarten ein: Tee- und Gewürzmischungen, Kräutersalze, Kräuternudeln, Sirupe, essbare Blüten, Honig, Kosmetika – natürlich alles Bio. Schanzenstraße 50, Goldrain, Tel. 0473 742367, www.kraeuter-schloessl.it

Weiter auf der Marteller Straße geht es nach Morter über den Plimabach. Die Burgruinen von Obermontani und Untermontani bewachen den Zugang zum Tal. Die Burgkapelle St. Stephan ist ein absolutes Muss für Kunstinteressierte.

Burgkapelle St. Stephan

Das von außen bescheidene Kirchlein ist innen mit herrlichen spätgotischen Fresken (um 1430) geschmückt, denen die Kapelle den Beinamen „Sixtinische Kapelle Südtirols“ zu verdanken hat. Erreichbar in 10 min Fußweg. Beschilderte Abfahrt („Obermontani, Burgkapelle St. Stephan“) von der Marteller Straße nach der Plima-Brücke, an der Bushaltestelle. P am Ende der Schlosszufahrt wenige Parkplätze an der Straße. Infos: Tourismusverein Latsch-Martell, Tel. 0473 623109

Die Straße überwindet nach Morter eine Geländestufe mit Apfel- und Kirschanlagen und führt nun ohne besondere Steigung weiter ins Tal, bald treffen wir zur Rechten auf die Freizeitanlage **Trattla** und das Nationalparkhaus.

Culturamartell

Das Nationalparkhaus „Culturamartell" an der Hauptstraße von Martell im Bereich der Freizeitanlage Trattla, am Beginn des Tals, dokumentiert anschaulich und unterhaltsam die Kultur der Bergbauern einst und heute. Kinderspielplatz, Café und Shop. Trattla 246, Martell, Infos: Tel. 0473 745027, www.culturamartell.com, Mo. geschlossen, P

Das Martelltal ist bekannt für seine hervorragenden Bergerdbeeren, die auf dieser Höhe (900–1.800 m), begünstigt durch das milde und trockene Klima, einen unvergleichlichen Geschmack entwickeln. Die **Marteller Erdbeeren** werden zu einem Zeitpunkt gepflückt, an dem in den meisten anderen Gebieten Europas die Ernte bereits abgeschlossen ist, und erzielen auch deshalb gute Preise.
Gleich am Beginn des Tals, neben dem Nationalparkhaus Culturamartell, ist die Verkaufsstelle für die süßen Früchtchen. Trattla 246, Martell, Tel. 0473 745027

Weiter taleinwärts, nach der Streusiedlung **Ennewasser** liegen die Häuser von Gand, wer zum Gasthaus Stallwies fahren möchte, biegt hier rechts ab.

Gasthaus Stallwies: Bereits die 7,5 km lange Zufahrt über eine schmale asphaltierte Straße, die sich über 600 Höhenmeter vom Dorf Martell bis zum Gasthaus Stallwies auf 1.953 m in die Höhe windet, bietet ein atemberaubendes Landschaftserlebnis. Von der Terrasse blickt man auf die zum Greifen nahen Dreitausender der Cevedale-Gruppe. Waldberg 1, Martell, Tel. 0473 744552, www.stallwies.com

Wer weiter ins Martelltal möchte, folgt der Talstraße neben dem Plimabach. Kurz nach der Siedlung **Gand** kommen wir erst am Café Hölderle vorbei und dann an der Kirche Maria in der Schmelz.

Café Hölderle: Das Haus an der Talstraße nahe der Kirche Maria in der Schmelz nennt sich bescheiden Café, ist aber ein ausgewachsenes Berggasthaus mit guter Küche, Panorama- und Sonnenterrasse, natürlich sind die Marteller Erdbeeren bei den Desserts die Hauptakteure. Hölderle 17, Martell, Tel. 0473 744642, P

Maria in der Schmelz

Im engen Talmittelteil steht ein kleines Kirchlein direkt an der Talstraße P, einst für Bergknappen erbaut, daneben stand das Schmelzwerk für die Erzverhüttung. Die Einheimischen nennen das Kirchlein Maria in der Schmelz. Das unergiebige Bergwerk ist längst geschlossen, geblieben ist die Kirche und die Erzählung von den beiden Felsen daneben: Vom Berg oberhalb des Kirchleins lösten sich 1867 zwei gewaltige Steinblöcke, beim Herabstürzen kreuzten sie sich genau oberhalb desselben, verschonten es auf diese Weise und blieben neben der Kirche liegen.

Etwas weiter geht es durch die Erdbeerfelder, in der Folge staut ein Damm den Marteller Bach zu einem stattlichen See, dem Zufrittsee. Die Talstraße führt an seinem Ufer entlang bis zu den gebührenpflichtigen Parkplätzen P am Talschluss mit Blick auf eine hochalpine Berg- und Wasserwelt. Hier, beim Gasthaus Enzian, ist die Autostraße zu Ende, wir sind immerhin schon auf 2.050 m.

ZUR LYFIALM

Beim Parkplatz P am Talschluss, wenige Schritte vor dem Gasthaus Enzian, beginnt der breite und bequeme Fußweg (Nr. 8, Marteller Höhenweg) zur rustikalen Alm. Der Blick zu den Bergriesen und Gletschern ist fantastisch! Terrasse, Spezialitäten von der angeschlossenen Käserei, Hüttenkost. Hintermartell 204, Tel. 333 2770100, www.lyfialm.it

1 h (Hinweg) 3,2 km 190 Hm

Für die Rückfahrt nehmen wir dieselbe Strecke wie auf der Hinfahrt.

4 | Von Meran ins Schnalstal

Meran → Naturns → Karthaus → Unser Frau → Kurzras

⚠ Reine Fahrzeit 1 h 37 min, 81 km

Das Gebiet, unzweifelhaft einer der schönsten Winkel Südtirols, lebt von Kontrasten: Die üppige subtropische Vegetation um Meran, im unteren Vinschgau eine fruchtbare Talsohle mit ausgedehnten Obstgärten, und alles wird überragt von den firngekrönten Felsriesen, von denen ein Teil zum Naturpark Texelgruppe gehört. Der Vinschgau zählt zu den regenärmsten und im Umkehrschluss zu den sonnigsten Gebieten Europas! Historische Zeugnisse und bedeutende Kulturschätze erzählen von kultureller Vielfalt. Jahrhundertelang war ein Seitental, das abgeschiedene Schnalstal, wie ein weißer Fleck auf

der Landkarte, nur verwegenen Bergsteigern bekannt. Mit dem Bau des Gletscherskigebiets hielt der Tourismus Einzug und der Bekanntheitsgrad wuchs seit dem Fund der Gletschermumie Ötzi. Das alles erleben wir bei unserem Ausflug mit Startpunkt in Meran.

Von Meran schlagen wir die Route durchs Etschtal in den Vinschgau ein, nach der Geländestufe und Talenge bei der Töll mit der Etschfassung für ein E-Werk weitet sich das Tal, durch Apfelplantagen, am Dorf Rabland vorbei erreichen wir **Naturns**.

Naturns

Naturns (5.800 Einwohner) ist der Hauptort des unteren Vinschgaus, die Kulisse bilden der Naturpark Texelgruppe im Norden und die Ultner Berge im Süden. Hier zweigt auch das am Beginn schluchtartig enge Schnalstal in die Ötztaler Bergwelt ab, über dessen Eingang Reinhold Messners Schloss Juval (MMM Juval, www.messner-mountain-museum.it) thront. Touristisch profitiert Naturns von der Nähe Merans, dementsprechend dicht ist das Angebot an Beherbergungsbetrieben und Restaurants.

St. Prokulus

Außen unscheinbar, innen eine Kostbarkeit: Auf kulturell Interessierte wartet am östlichen Dorfrand von Naturns nicht nur die sehenswerte Kirche, sondern auch das angrenzende Prokulus-Museum. Die Fresken, darunter Bilder einer freundlich dreinblickenden Rinderherde, zählen zu den wertvollsten und ältesten Kunstschätzen Mitteleuropas, zusammen mit der Kirche reichen sie bis in das 7. Jh. zurück. Prokulus war einer der ersten Bischöfe von Verona, berühmt ist die symbolische Darstellung seiner Flucht über die Stadtmauer. Nehmen Sie unbedingt an einer Führung teil, bei der Ihnen verborgene und unterhaltsame Details erklärt werden. Tel. 0473 667312 oder 348 9203829, www.prokulus.org, P

Kurz nach der Westausfahrt von Naturns und gleich nach der Abzweigung ins Schnalstal, die wir noch ignorieren, liegt an der Staatsstraße der Vinschger Bauernladen.

Produkte vom Bauernhof im **Vinschger Bauernladen:** Engagierte Landwirte haben sich zu einer Genossenschaft zusammengeschlossen und verkaufen im Bauernladen an der Abzweigung ins Schnalstal frische und natürliche Lebensmittel: Wein, Edelbrände, Speck, Wurstwaren, Milchprodukte, Brot, Säfte, Marmeladen, Kräutertee, Honig, Essig, Äpfel, Trockenobst, Gemüse, Natur-Kosmetik, Handwerk u. v. m. Gemütlich: Cafeteria, Terrasse. Kuchen, Kaffee und kleine Imbisse. Staatsstraße 78, Naturns, Tel. 0473 667723, www.bauernladen.it, P

Wieder zurück auf der Staatsstraße, biegen wir nun ins Schnalstal ab. Am Talbeginn verläuft die Straße teilweise in Tunneln, so eng ist die Schlucht. Nach einer Geländestufe öffnet sich das Tal ein wenig, hier liegt auf der Westseite in 1.327 m Höhe, ungefähr in der Mitte des Tals, das kleine Haufendorf **Karthaus**.

Karthaus

Noch immer umschließen mittelalterliche Mauerzüge den Ort. Kartäusermönche – daher der Name des Dorfs – hatten 1326 in der Abgeschiedenheit des Tals hier das einst reiche Kloster Allerengelsberg gegründet. Es hatte großen Güterbesitz bis in den Meraner Raum. Bis zum Jahre 1782 wohnten 15 Mönche im Kloster, dann wurde die Gemeinschaft im Zuge der Reformpolitik von Kaiser Joseph II. aufgelöst. Unmittelbar darauf nahmen Kleinbauern Besitz von den leerstehenden Gebäuden. 1924 verwüstete ein verheerender Brand das Dörfchen, dennoch blieb viel erhalten und wurde vorbildlich restauriert. Heute noch zu sehen sind u.a. der Kreuzgang mit den Mönchszellen und die Kirche. Am Beginn des ausgeschilderten Rundgangs erzählt eine kurze Videoshow Interessantes über Klostergründung und -leben.

Der nächste größere Ort nach Karthaus ist **Unser Frau in Schnals**.

ArcheoParc

In den Bergen des Schnalstals lebte vor über 5.000 Jahren Ötzi, seine Mumie wurde dort beim Similaun-Gletscher gefunden. Im Museum ArcheoParc in Unser Frau in Schnals wird auf einem 4.000 m² großen Freigelände der Lebensraum von Ötzi, dem Mann aus dem Eis, vorgestellt. Besucher können „jungsteinzeitlich" aktiv werden: Feuer machen, Steinwerkzeug herstellen, töpfern, Leder verarbeiten oder Bogenschießen üben. Ende März – Anf. Nov. geöffnet, Tel. 0473 676020, www.archeoparc.it

Tonzhaus: Ungewöhnlich, neu, stilvoll, viel Komfort: das Hotel und Restaurant-Pizzeria Tonzhaus in Unser Frau. Gerichte stehen unter dem Motto: Essen, so naturbelassen wie das Schnalstal selbst! Schöne Zimmer, Pool. Mi. Ruhetag. Unser Frau 27, Schnals, Tel. 0473 669688, www.tonzhaus.com

Nach der Ortschaft Unser Frau sperrt ein großer Schütt-Staudamm das Tal ab, die Straße überwindet diese Steigung in mehreren Serpentinen. Hinter der Dammkrone breitet sich der große, smaragdgrüne Vernagt-Stausee aus, in dem sich die Berge und die Lärchenwälder spiegeln. Am See lädt das Restaurant Edelweiß (Tel. 0473 669633, www.chalets-edelweiss.it) zur Pause ein. Uralte sonnengegerbte, zum größten Teil in Blockbauweise errichtete Bauernhöfe säumen die Talflanken und stehen in Kontrast zum Gletscherskigebiet von **Kurzras** im Talschluss.

Auf den Schnalstaler Gletscher

Wer bequem in die Dreitausender-Region vorstoßen möchte, fährt von Kurzras mit der Gletscherbahn auf 3.212 m hoch. An der Bergstation liegt als Einkehr das Glacier Hotel Grawand (www.grawand.com), das höchstgelegene Berghotel Europas. Von hier erreichen Sie sicher und bequem über eine Treppe mit Handlauf in 10 min die Aussichtsplattform Ötzi Peak auf 3.251 m. Genießen Sie die atemberaubende Sicht über die gigantische Bergwelt. Schnalstaler Gletscherbahnen: Tel. 0473 662171, www. schnalstal.com

Für die Rückfahrt nehmen wir dieselbe Strecke wie auf der Hinfahrt.

5 | Von Meran auf das Timmelsjoch

Meran → Saltaus → St. Martin → Moos in Passeier → Timmelsjoch

⚠ **Reine Fahrzeit: 1 h 10 min, 50 km (Hinfahrt)**

Auf dieser Strecke erleben wir gleich mehrere Superlative: Das Timmelsjoch, die Grenze zwischen Österreich und Italien, ist mit 2.509 m Österreichs höchster Straßenpass und einer der höchsten Italiens. Die Südrampe ist mit ca. 1.800 Höhenmetern von St. Leonhard in Passeier (690 m) bis zur Scheitelhöhe von 2.509 m die höchste durchgehende Straßensteigung, von Meran aus sind es sogar über 2.000 m Steigung! Die kurvenreiche Straße ist vor allem bei Motorradfahrern äußerst beliebt, auch Cabrio-Fahrer genießen die prächtigen Ausblicke in die wildromantische Bergwelt, viele Dreitausender begleiten die Strecke.

Timmelsjoch
P.so del Rombo
2491
Gr. Timmler Schwarzsee
St. Martin am Schneeberg
S. Martino Montenevoso
2335
Schönau
Belprato
Saltnuss
Salto
Rinner Sp.
M. Rinna
2824
Rabenstein
Corvara
Flading
Vallettina
1482
Lazzacher Tal
Ratschin
Kogl
M. Re
Hohe Kreuzspitze
M. Altacroce
2743
Traunsberg
2776
Val Passiria
Moos
Moso
1007
Stuls
Stulles
Glaiten
Le Coste
Platt
Plata
Ulfas
693
S. Leonar
St. Leonha
Innerhütt
V. di Plan
Christl
Cresta
Andreas Hofer Kapelle
Capp. Andreas Hofer
1627
Pfelders
Plan
St. Martin
S. Martino
595
Matatz
Montaccio
Kolbenspitz
La Clava
2868
Tessa
Prantach
Prantago
Kalmtal
Magdfeld
Mörre
Mora
Naturpark Texel Gruppe
co Naturale Gruppo di Tessa
Passeiertal
Ried
Novale
Passer - F. Passirio
Verdorf
Hirze
P.ta Cer
2781
Tall
Prenn
Prenè
Langsee
L. Lungo
Spronser Tal
Vernuer
Vernurio
Saltaus
Saltusio
Videgg
Vidacqua
851
Verdins
Verdines
Taser
Kuens
Caines
Dorf Tirol
Tirolo
Riffian
Rifiano
Vellau
Velloi
Schl. Tirol
594
Gr. Ifinger
Picco Ivigna
2581
Algund
Lagundo
597
Schenna
Scena
Egger
Töll
Tel
Plars
Forst
Foresta
Meran
Merano
Meran
Merano
2000
325
Falzeben
Trautmanndorf
St. Martin
TABACCO

Wir fahren auf der Staatsstraße SS 44 von Meran durchs Passeiertal nordwärts, dieselbe Route wie Tour Nr. 6. Bei **Saltaus** fällt an der Straße das schlossartige Hotel Saltauserhof, ein ehemaliger Schildhof, auf.

Die Passeirer Schildhöfe

Passeirer Bauern können ganz schön wehrhaft sein! Einige Bauern im Passeiertal erwarben sich im 13. und 14. Jh. besondere Rechte wie Steuerfreiheit und die Freiheit, Waffen zu tragen, sie wohnten in befestigten Gebäuden, den Schildhöfen. Elf Schildhöfe gibt es im Passeiertal, einige davon, etwa der Schildhof Saltaus, an der Landstraße, an dem wir vorbeifahren, hat sich von der Burg zu einem feudalen Schlosshotel gewandelt. Bei festlichen Anlässen treten die Schildhofbauern noch heute mit dem wappengeschmückten Schild und der Hellebarde auf.

Nach dem Schildhof führt die Straße beim Quellenhof unter der Hotelsiedlung durch einen Tunnel. Der rührige Hotelier hat diesen Straßenabschnitt aus seiner Unternehmenskassa finanziert, damit die betuchten Gäste durch den Autoverkehr nicht gestört werden. Das nächste Dorf, **St. Martin**, lohnt in dreierlei Hinsicht einen Stopp: wegen eines herausragenden Gasthofs, der prachtvollen Dorfkirche und einer Malerschule. Die Pfarrkirche von St. Martin wurde im 17. Jh. vergrößert, der Turm mit einem Zwiebeldach ausgestattet und der Innenraum von Künstlern der Passeirer Malerschule ausgeschmückt.

Die Passeirer Malerschule

Bei einem Dorfbummel durch St. Martin mag es vielleicht verwundern, dass an vielen alten Häusern gut erhaltene Fresken zu sehen sind. Sie zeugen vom einstigen Schaffen der barocken Passeirer Malerschule (ca. zwischen 1719 und 1845). Die dort ausgebildeten Künstler Auer, Holzer, Ferner, Perger und Haller waren nicht nur im Tal, sondern in ganz Tirol und Süddeutschland tätig: Sie schufen Bilder, Fresken und Skulpturen, malten Kirchen aus und verschönerten Häuserfassaden. Am Dorfrand von St. Martin steht das reich geschmückte Malerhaus, der einstige Sitz der Malerschule. P gegenüber vom Tourismusbüro, an der SS 44

In der Dorfgasse kehren Sie beim Mitterwirt, auch **Gasthaus Lamm**, dem geschichtsträchtigen Dorfgasthaus in St. Martin, ein. Dort werden Gerichte der Tiroler und Passeirer Küche mit Liebe zubereitet. Bereits der Tiroler Freiheitsheld Andreas Hofer war häufig zu Gast. Die französischen Besatzer von 1809 führten hier Verhöre durch, daran erinnert die französische Fahne an der Fassade. Getäfelte Wirtshausstuben, Gartenterrasse direkt an der alten Dorfstraße. Dorfstraße 36, St. Martin in Passeier, Tel. 0473 641240, www.gasthaus-lamm.it, So. abends und Mo. Ruhetag, P

Von St. Martin geht es weiter in nördlicher Richtung, bei St. Leonhard teilt sich die Straße, wir folgen links den Schildern zum Timmelsjoch, nächstes Dorf an der Straße ist **Moos**.

Mooseum

Hier heißt das Museum „Mooseum", das moderne Bunkermuseum ist ein lohnendes Zusatzziel, das in einer ehemaligen Wehranlage aus dem Zweiten Weltkrieg untergebracht ist und gleichzeitig als Infostelle des Naturparks Texelgruppe dient. Im Steinbockgehege beobachten Sie diese schönen Tiere aus nächster Nähe. Hörstationen, Bilder und Ausstellungsstücke im Militärbunker erklären spannend die Entstehung der Landschaft und zeigen das Leben im Tal. Bunker Mooseum, Dorf 29a, Moos in Passeier, Tel. 0473 648529, museum.hinterpasseier.it, P

Nach Moos gibt es außer einer kurzen Stichstraße zum Weiler Rabenstein im Talgrund keine Abzweigung auf den 22 Streckenkilometern bis zum **Timmelsjoch**, wir überwinden zuerst auf der östlichen und im letzten Abschnitt auf der westlichen Talseite in einer guten halben Stunde Fahrzeit fast 1.500 Höhenmeter, immer von gewaltigen Bergriesen begleitet!

Der Granat

Das Timmelsjoch ist in ein von der EU kofinanziertes Straßenprojekt eingebunden, an mehreren Haltepunkten informieren dabei fünf auffällige Architektur-Skulpturen über Geschichte, Natur, Kultur, Gesellschaft und Wirtschaft der zwei Grenztäler. Eine dieser Installationen ist kurz nach Moos an der Straße P zu bestaunen, es ist ein dunkelrot lackierter, begehbarer Käfig, dem Granatkristall nachempfunden, der in den Bergen um das Timmelsjoch vorkommt (Granatkogel). Es ist gleichzeitig eine Plattform mit atemberaubendem Tief- und Ausblick und ein Infopoint über das Passeiertal.

Kurz vor der Timmelskehre, hier wechselt die Straße bei der Brücke über die hier noch kleine Passer auf die andere Talseite, liegt an der Straße, am steilen Hang auf 1.720 m, das **Gasthaus-Hotel Schönau,** das terrassenförmig an der Bergflanke klebt. Gute Küche, der Speck ist hausgemacht, schöne Weinkarte, geschützte Panoramaterrasse. Rabenstein 55, Moos in Passeier, Tel. 0473 647051, www.schoenau-timmelsjoch.it, ganzjährig geöffnet, P

ZUR OBERGLANEGG-ALM

Unter dem Timmelsjoch liegt auf 2.062 m die Oberglanegg-Alm. Vom gut beschilderten Parkplatz an einer Straßenkehre geht ein breiter, fast ebener Feldweg in 15 min zur familiengeführten, gemütlichen Alm mit großer Panoramaterrasse. Typische Almkost, herrliche Kuchen. Fam. Pixner, Timmelsjochstraße, Rabenstein, Moos in Passeier, Tel. 348 8024400. In den Sommermonaten geöffnet

15 min (Hinweg) 0,8 km 40 Hm

Timmelsjochstraße – Was Autofahrer wissen müssen

Aufgrund der steilen und engen Straßenverhältnisse im letzten Teil sowie der Brückenkonstruktionen auf der italienischen Seite ist die Timmelsjochstraße für Lkw über 8 t und Busse über 10 m Länge verboten. Anhänger über 4,5 m Länge sind ebenfalls verboten. Bei Gespannen darf die Gesamtlänge von Zugfahrzeug und Anhänger 10 m betragen. Achtung, Wintersperre! Über die aktuellen Öffnungszeiten und Straßenbedingungen für die Südrampe informiert die Verkehrsmeldezentrale (Tel. 0471 200198) oder das österreichische Info-Telefon: +43 52566240.
Am Pass gibt es großzügige Parkplätze, ein einfaches Gasthaus und eine Aussichtsplattform mit einer weiteren Installation, dem Passmuseum, das auf einem Hügel direkt am Timmelsjoch errichtet wurde. Für Sparfüchse, die in Italien bleiben: Obwohl es eine Mautstraße ist, wird erst auf der österreichischen Seite, weit hinter der Passhöhe bei Hochgurgl, bezahlt, in Italien sind Sie kostenlos unterwegs! Vorsicht: Hinter jeder Kurve könnten Sie einem Radfahrer begegnen: Mit 1.800 Höhenmetern bergauf ab St. Leonhard ist das Timmelsjoch für Radfahrer einer der härtesten Alpenpässe, auf der Strecke gibt es so gut wie keine flachen Verschnaufpausen.

Vom Timmelsjoch aus führt die Strecke entweder weiter nach Österreich oder zurück ins Passeiertal entlang der Aufstiegsstrecke.

6 | Über den Jaufen und das Penser Joch

Meran → Riffian → St. Leonhard → Jaufenpass → Sterzing → Penser Joch → Sarnthein → Bozen → Meran

Reine Fahrzeit 3 h 30 min, 154 km

Diese Rundfahrt hat es auf sich: zwei Pässe, beide über 2.000 m hoch, eine Landschaft von südlich-mediterran bis alpin, an der Strecke mit Bozen und Meran die zwei größten Südtiroler Städte, dazu im Sarntal viel ursprüngliche Natur und ein origineller, traditionsverbundener Menschenschlag. Am Scheitelpunkt der Tour wartet das historische Städtchen Sterzing mit einer hochinteressanten Vergangenheit, geprägt vom Transitverkehr und der nahen Bergwerkswelt am Schneeberg auf: Da kommt keine Langeweile auf!

Die Stadtausfahrt von Meran ins Passeiertal schlängelt sich nordwärts bis zum Anschluss an die Jaufenstraße aus der Stadt. Nach dem Stadtkern begleiten uns Obstanlagen und Weinberge. Auf der gegenüberliegenden Talseite grüßt das Hoteldorf **Schenna** herüber, im Dorfzentrum sind das neugotische Mausoleum für den habsburgischen Erzherzog Johann, einen Freund Tirols, und Schloss Schenna gut auszumachen. Wir passieren das Dörfchen Kuens und erreichen wenig später **Riffian**.

Sterzing
Vipiteno
Telfes
Telves
Mareit
Mareta
Val Ridanna
Stange
Stanga
Ratschings
Racines
Bichl
Colle
Ratschingstal
Val Racines
Kalch
Calice
Gasteig
Casateia
Elzenbaum
Pruno
Jaufental
Valgiovo
Gospeneid
Caspineto
Mitterthal
Val di Mezzo
Schluppes
Casalupa
Jaufenpass
P.so Giovo
Hohe Kreuzspitze
M. Altacroce
Rinner Sp.
M. Rinna
St. Martin am Schneeberg
S. Martino Monteneve
Saltnuss
Salto
Moos
Moso
Val Passiria
Stuls
Stulles
Glaiten
Le Coste
Walten
Valtina
Platt
Plata
Ulfas
Christl
Cresta
S. Leonardo
St. Leonhard
Penser Joch
P.so di Pennes
Penser Weisshorn
Corno Bianco di Pennes
Hochwart
Guardia Alta
St. Martin
S. Martino
Matatz
Montaccio
Prantach
Prantago
Asten
Laste
Pens
Pennes
Weissenbach
Riobianco
Alplerspitz
P.ta Alpetta
Valle di Pennes
Magdfeld
Mörre
Mora
Karnspitz
C.di Quaire
Ried
Novale
Verdorf
Hirzer
P.ta Cervina
Rabenstein
Corvara
Muls
Mules
Durnholz
Valdurna
Durnholzer S.
L. Valdurna
Tall
Prenn
Prenè
Vernuer
Vernurio
Saltaus
Saltusio
Aberstückl
Sonvigo
Egger
Radel Sp.
C. Rodella
Pensertal
Verdins
Verdines
Videgg
Vidacqua
Kratzberg See
L.S. Pancrazio
Kuens
Caines
Riffian
Rifiano
Taser
Gr. Ifinger
Picco Ivigna
Hinterreinswald
S. Martino di Dentro
Schenna
Scena
Reinswald
S. Martino
Meran
Merano
Meran
Merano
2000
G. Mittager
M. Catino
Durnholzer Tal
Valdurna
Falzeben
Marchen
Astfeld
Campolasta
Villanders Berg
M. Villandro
Nordheim
Villa
Sinich
Sinigo
St. Katharina
S. Caterina
Hafling
Avelengo
Kreuzjoch
Giogo d. Croce
Sarnthein
Sarentino
Schl. Reinegg
Cast. Regina
Lana
Putzen
Windlahn
Rittner Horn
Corno di Renon
Burgstall
Postal
Möltener Joch
M. di Meltina
Aschl
Eschio
Bundschen
Ponticino
Vöran
Verano
Kampidell
Campitello
Toler
Gissmann
Schwarzseespitz
Gargazon
Gargazzone
Mölten
Meltina
Flaas
Valas
Etsch
F. Adige
Schlaneid
Salonetto
Versein
Vallasina
Hinterafing
Avigna di dentro
Tisens
Tesimo
T. Talvera
Afing
Avigna
Oberinn
Auna di Sopra
Pemmern
Prissian
Prissiano
Vilpian
Vilpiano
Verschneid
Frassineto
Vorderafing
Avigna di fuori
Wangen
Vanga
Ritten
Renon
Lengmoos
Longomoso
Grissian
Grissiano
Nals
Nalles
Sarntal
Val Sarentino
Jenesien
S. Genesio
Oberbozen
Soprabolzano
Klobenstein
Collalbo
Obersirmian
Simiano di sopra
Terlan
Terlano
Oberglaning
Cologna di sopra
M. Himmelfahrt
L'Assunta
Wolfsgruben
Costalovara
Andrian
Andriano
Rumsein
Gald
Gaido
Siebeneich
Settequerce
Guntschna
Guncina
Glaning
Cologna
Schl. Runkelstein
Cast. Roncolo
Unterinn
Auna di Sotto
BOLZANO
BOZEN
Moritzing
S. Maurizio
Unterrain
Riva di Sotto
Schl. Hocheppan
Cast. d'Appiano
Gantkofel
M. Macaion
Missian
Missiano
Kardaun
Cardano
Bolzano N.
Bolzano Nord
Aicha
Aica
TABACCO

Riffian

Riffian zählt zu den ältesten und meistbesuchten Wallfahrtsorten Südtirols. Am prunkvollen Hochaltar der barocken Kirche ist das hochverehrte Gnadenbild der schmerzhaften Gottesmutter eingebaut. Weitere Kunstschätze zieren das Innere: eine Kreuzesdarstellung, ein marmorner Taufstein, Deckenfresken, bunte Glasfenster, der Grabstein eines Churer Bischofs u. a. Die nahe Friedhofskapelle birgt bedeutende gotische Fresken von Meister Wenzeslaus aus dem frühen 15. Jh., ein Leckerbissen für Kunstkenner. P Am besten parken Sie neben der Gemeinde und dem Tourismusbüro und gehen zu Fuß die wenigen Minuten zur Kirche.

Von Riffian noch 13 km taleinwärts und wir sind an der Dorfeinfahrt von **St. Leonhard**, beim Sandhof, angelangt.

Sandhof Andreas Hofer

Hier liegt direkt an der Straße das historische Gasthaus „Sandwirt", das Heimathaus des berühmten Tiroler Freiheitskämpfers Andreas Hofer, der 1809 als Anführer eines Volkssturms den Truppen Napoleons und seiner Verbündeten eine empfindliche Niederlage beibrachte, schlussendlich unterlag, gefangen genommen und in Mantua erschossen wurde. Die Nachwelt machte aus dem Viehhändler, Wirt und Rebellenführer einen Helden. In einem Museum werden interessante Erinnerungsstücke ausgestellt, es gelingt, kurzweilig und ohne Pathos das Leben und Wirken dieses Mannes zu zeigen. Passeirer Straße 72, St. Leonhard in Passeier, Tel. 0473 659086, www.museum.passeier.it, Ostern bis 1. Nov., 10–18 Uhr, P

In St. Leonhard gabelt sich das Tal, ein Arm geht ins Hinterpasseier, unser Weg führt hingegen ins Sterzinger Gebiet, die Straße windet sich nun in vielen Kehren bergauf in Richtung Jaufenpass. Nun steigt die Straße kräftig an, 7 km von St. Leonhard entfernt liegt der kleine Ort **Walten** an der Straße.

Gasthaus Alpenrose: Das kleinen Landhotel mit Restaurant liegt direkt an der Jaufenstraße auf 1.296 m. Panoramaterrasse, gemütliche, getäfelte Stuben, gepflegte einheimische Küche. Jaufenstraße 8, Walten/St. Leonhard in Passeier, Tel. 0473 656114, www.gasthaus-alpenrose.com, P

Nach Walten klettert die Passstraße kurvenreich bis kurz unter den Jaufenpass, wo wir einen kleinen Zwischenstopp einlegen können.

ZUR FLECKNERHÜTTE

An der letzten Serpentine vor dem Jaufenpass, der sogenannten Römerkehre (gut beschildert), folgen wir der schmalen steilen Zufahrtsstraße 0,3 km zum Parkplatz P wenig oberhalb der Kurve hinauf. Von dort erreichen wir auf einem breiten Weg nach wenigen Gehminuten einen kleinen romantischen Bergsee mitten in Almwiesen und Alpenrosenbüschen, nach weiteren 10 min sind wir bei der gemütlichen Flecknerhütte (2.057 m) angelangt, die wie ein Adlerhorst weit übers Passeiertal bis in den Meraner Raum schaut.

15 min (Hinweg) 1 km 50 Hm

Die Passstraße führt uns weiter, über die Baumgrenze, bis auf 2.094 m. Auf der Höhe weitet sich der Blick, die Aussicht am **Jaufenpasss** ist grandios und geht bis zu den Dreitausendern an der nahen Staatsgrenze. Beim Gasthaus Jaufenhaus erinnert ein riesiger Meilenstein an die Eröffnung der Straße im Jahr 1912, noch zu Zeiten Kaiser Franz Josephs. Die Trassenführung der Nordrampe ist sanfter und weist bis ins 18 km entfernte **Sterzing** deutlich weniger Kehren auf als die Südrampe.

Sterzing

In einem weiten Talkessel liegt auf 935 m das einst durch Bergbau und Warenlagerung und -transport reich gewordene Städtchen Sterzing. Hier können Sie ins Mittelalter eintauchen und eine der schönsten Kleinstädte des Alpenbogens entdecken. Den Mittelpunkt Sterzings markiert der Zwölferturm, er trennt den mittelalterlichen Teil der Altstadt von der malerischen, mittlerweile ebenfalls alten

„Neustadt" in gotischem Stil. Einst Reichsstraße, heute Fußgängerzone, reihen sich hier Bürgerhäuser mit Zinnen und Erkern aneinander, deren Fassaden ebenso bunt sind wie die Mischung aus traditionsreichen Geschäften und schicken Läden, aus ehemaligen Fuhrmannswirtshäusern mit langer Tradition und legeren Cafés, die sich in ihnen breitgemacht hat. P Im Zentrum mehrere gebührenpflichtige Parkplätze

Hotel Lilie: Das denkmalgeschützte Haus aus dem Spätmittelalter mit prächtigen Gewölben und modernem Hotelkomfort liegt am Südende der Neustadt. Vorzügliches Restaurant, Tische im Freien, Naschkatzen freuen sich über herrliche Kuchen und Torten aus der hauseigenen Konditorei. Neustadt 49, Sterzing, Tel. 0472 760063, www.hotellilie.it, P

Auf den Rosskopf

Der 2.189 m hohe Rosskopf, im Winter Ski-, im Sommer Wandergebiet, ist der Hausberg der Sterzinger. Er ist wegen seiner exponierten Lage ein unvergleichlicher Aussichtsberg. Dabei ist er einfach zu erreichen, eine Umlaufbahn P bringt Ausflügler vom nördlichen Stadtrand rasch und mühelos hinauf. Oben angelangt, breitet sich ein liebliches Gelände mit blumenreichen Wiesen aus und lädt zu leichten Wanderungen ein. Mehrere Einkehrmöglichkeiten wetteifern um die Gunst der Gäste. Fahrplan unter www.rosskopf.com

Am südlichen Stadtrand von Sterzing, nahe der Autobahnzufahrt, fädeln wir in die Straße zum **Penser Joch** ein. Es ist der Rückweg, der uns über einen Pass ins Sarntal und nach Bozen und von dort wieder nach Meran bringt.

Burg Reifenstein

Schon nach wenigen Minuten Fahrt biegen wir zur Burg Reifenstein ab, die südlich von Sterzing auf einem Felsvorsprung thront. Die bestens erhaltene, nie eroberte und zerstörte Anlage ist im Besitz der adeligen Familie Thurn und Taxis und kann besichtigt werden. Freuen Sie sich aber nicht zu früh, Fürstin Gloria, die europaweit famose Salon- und Gesellschaftsdame, werden Sie nie im Schloss antreffen, das einer Innsbrucker Linie gehört. Es ist sehr gut erhalten und komplett eingerichtet, Teile sind dem Publikum zugänglich. P am Burghügel, kurzer Fußweg. Führungen und Auskunft unter Tel. 339 2643752. Sa. Ruhetag

Weiter geht's über die wenig befahrene Straße durch Wald und zuletzt baumlose Weiden auf das 2.211 m hohe **Penser Joch**, das seinen Namen von Pens, dem letzten Dorf im Sarntal, übernommen hat. Die wenig befahrene Strecke ist, der Luftlinie nach, die direkteste Verbindung von Innsbruck nach Bozen, die Straße wurde von der faschistischen Regierung in den 1930er-Jahren aus militärstrategischen Gründen als Entlastungsstrecke zur Eisackstrecke ausgebaut.

Sarntal

Wenn es ihn noch gibt, den kaum mehr erfüllbaren Traum von ursprünglicher Landschaft, dann finden Sie ihn hier, im Sarntal. Die Sarner halten – oder hielten – es mit der Tradition, an Fest- und Feiertagen tragen viele mit Stolz ihre Tracht, im sprachlichen Umgang benutzen sie einen markanten Dialekt. Jahrhundertelang war das Tal recht abgeschieden, im Norden vom hohen Penser Joch und im Süden durch eine fast unpassierbare Schlucht von der Außenwelt getrennt. Bekannt sind die Sarner mittlerweile auch als tüchtige Unternehmer, wovon die Gewerbezonen vor und nach dem Hauptort zeugen.

Sarnthein

Bei **Sarnthein** öffnet sich das Tal und zeigt sich in seiner ganzen Schönheit: weite Wiesen, behäbige Bauernhöfe, dichte Wälder und ein Kranz von Berggipfeln, der dieses kleine Paradies umschließt. Im Tal hat sich traditionelles Handwerk wie die Federkielstickerei, Holzschnitzerei und -drechslerei, das Destillieren von Latschenkiefernöl, Sticken, Stricken und Weben lebendig erhalten, beim Bummel durch den stattlichen Hauptort Sarnthein werden Sie viel Originelles entdecken.

Hotel-Restaurant Höllriegl: Es lohnt sich, dieses Wirtshaus zu suchen, das sich in der zweiten Reihe versteckt. Gepflegte einheimische Küche, schattiger Gastgarten, getäfelte heimelige Stube, moderner Zubau. Klara-von-Pölt-Weg 9, Sarnthein, Tel. 0471 623077, www.hoellriegl.com, Mi. und So. abends Ruhetag, P in der Schnatterpeckstraße

Bald nach Sarnthein tauchen große Teile der Straße in Tunnel ein, die einst enge und kurvenreiche Strecke wurde entschärft und die Fahrzeit bis in die Landeshauptstadt ist auf wenig mehr als 10 min geschrumpft. In **Bozen** finden wir bei Sigmundskron Anschluss an die Schnellstraße nach **Meran** und sind in weiteren 20 min wieder am Ausgangspunkt unserer Rundfahrt angelangt.

Partschins
Parcines
Algund
Lagundo
Plars
Töll
Tel
Velloi
Schl. Tirol
Rabland
Rablà
Forst
Foresta
St. Prokulus
Plaus
St. Martin
S. Martino
Marling
Marlengo
Aschbach
Rio Lagundo
Schl. Dornsberg
Vigiljoch
M. S. Vigilio
St. Vigil
S. Vigilio
Schl. Lebenberg
Tscherms
Cermes
Sinich
Sinigo
Pawigl
Pavicolo
Lana
Naturnser Hochwart
Guardia Alta
St. Pankraz
S. Pancrazio
Schl. Eschenlohe
Völlan
Foiana
Kirchbachtal
St. Helena
Etsch
Pankrazer S.
Eggen
Val d'Ultimo
Tisens
Tesimo
Platzers
Plazzoles
Gfrill
Caprile
Prissian
Prissiano
Mitterbad
Bagni di Mezzo
Laugenspitze
M. Luco
Bad Gfrill
Grissian
Grissiano
1512 Gampenpass
P.so Palade
Obersirmian
Sirmiano di sopra
Unsere Liebe Frau im W.
Senale
Hofmahdjoch
Felixer Weiher
L. di Tret
Matzlaun
St. Felix
S. Felice
Gantkofel
M. Macaion
Sam
M. Ori
Proveis
Proves
Tonna
Tret
Novella
Raina
Laurein
Lauregno
Castelfondo
Dovena
S. Lucia
Rumo
Carnalez
Marcena
Tregiovo
Fondo
Malosco
TABACCO

7 | Zu den deutschsprachigen Gemeinden im Nonstal

Meran → Lana → Ultental → Proveis → Laurein → Fondo → Unsere Liebe Frau im Walde → Gampenpass → Tisens

Reine Fahrzeit 2 h 15 min, 105 km

Es gibt sie noch, die stillen, nicht überlaufenen Plätze. Zu so einem wollen wir heute hin, vom quirligen Meran zu den deutschsprachigen Enklaven auf dem sonst italienischen Nonsberg in der Nachbarprovinz Trentino. Wir fahren durch eine beruhigend schöne Berglandschaft, lernen kleine Dörfer kennen, besuchen einen historischen Wallfahrtsort und kurven über einen Pass wieder in die Obst- und Weingebiete um Meran zurück.

Wir fahren süd-westwärts aus Meran heraus, in Richtung **Lana**. Dort mündet das Ultental, von den hohen Bergen des Ortlermassivs kommend, ins Etschtal.

Lana

Lana, am Ausgang des Ultentals und an der Auffahrt zum Gampenpass gelegen, ist ein bedeutender Obst- und Weinort. Auch der Tourismus, der von der Nähe zu Meran profitiert, hat sichtbaren Wohlstand gebracht. Zu den Sehenswürdigkeiten zählt die gotische Kirche Mariä Himmelfahrt in Niederlana mit ihrem Flügelaltar von Meister Schnatterpeck, mit seinen 14,5 Metern ist er der höchste Tirols und einer der höchsten ganz Europas. Im Ansitz Larchgut ist das Obstbaumuseum untergebracht, hier dreht sich alles um den Apfel und seine Anbaugeschichte. www.obstbaumuseum.it, P in der Schnatterpeckstraße

Die Talstraße klettert am nördlichen Ortsrand von Lana durch Obst- und Weinberge, gewinnt an Höhe, führt an der imposanten Burg Eschenlohe vorbei, die auf einer Waldkuppe aus der Falschauerschlucht aufragt und steuert auf **St. Pankraz** zu. (Mehr über das

Ultental auf S. 52.) Bald nach St. Pankraz verlassen wir das Ultental und biegen links auf die Landesstraße 86 ab, sie führt durch einsame Wald- und Wiesenlandschaft zum Hofmahdjoch.

MALGA DI CLOZ – CLAZNER ALM

Eine moderne Straße unterquert das Hofmahdjoch – den Passübergang vom Ultental ins Nonstal – in einem rund 1.600 m langen Tunnel. Nach der Tunnelausfahrt auf der Südwest-Seite des Scheiteltunnels liegt der Parkplatz Hofmahdjoch P. Von hier führt ein breiter, ebener Feldweg in 20 Gehminuten durch den Wald und Wiesen bis zur Clazner Alm (Tel. 340 5993647), die auf einer Wiesenterrasse mit herrlichem Blick zu den Brentadolomiten und übers Deutschnonstal liegt.

Vom Hofmahdjoch erreichen wir in wenigen Minuten **Proveis**, das erste der drei Dörfer im Nonstal.

Deutschnonsberg

Die drei deutschsprachigen Dörfer am Nonsberg, Laurein, Proveis und St. Felix (zusammen etwa 1.500 Einwohner), gehören verwaltungsmäßig zu Südtirol, von dem sie aber durch hohe Berge getrennt sind. Geografisch liegt der Deutschnonsberg bereits in der italienischen Nachbarprovinz Trentino. Zur leichteren Erreichbarkeit wurden die trennenden Berge in neuerer Zeit untertunnelt. Dennoch liegt der Deutschnonsberg immer noch abseits der großen Verkehrsrouten, ohne Obst- und Weinbau, ohne Industrie und mit kaum Tourismus – gerade deshalb lohnt ein Besuch!

Proveis

Nur wenige Häuser scharen sich um die viel zu groß geratene, neugotische Kirche, deren Bau vom Geistlichen Franz Xaver Mitterer aus Laurein, dem Nachbardorf, 1870 veranlasst wurde. Er konnte den hervorragenden Künstler Albrecht Steiner v. Felsberg, einen Vertreter der Spätnazarener, gewinnen, der hier mit den Fresken im Inneren eines seiner Hauptwerke hinterließ. Mitterer ließ in Proveis auch eine Korbflechter- und Spitzenklöppelschule errichten, um für die damals bitterarme Bevölkerung Verdienstmöglichkeiten zu schaffen. Er organisierte zudem den Bau einer neuen Schule und einer Suppenküche. Geldmittel stellte auch der Deutsche Schulverein aus Preußen

und dem Habsburgerreich zur Verfügung, der sich für das Deutschtum an den Sprachgrenzen einsetzte. So wie die drei anderen Deutschnonsberger Gemeinden steht Proveis unter Abwanderungsdruck, nur noch 250 Menschen wohnen im Dorf.

Weiter geht die Fahrt von Proveis zum unwesentlich größeren Dörfchen **Laurein**, das auf 1.150 m liegt. Die kaum befahrene Landesstraße verbindet über das Brezer Joch (Forcella di Brez, 1.397 m) Laurein mit der großen Gemeinde **Fondo** im Nonstal, die auf einem weiten, fruchtbaren Hochplateau liegt. Geologisch Interessierten fallen an der Straße die „versteinerten weißen Dünen“, eine auffällige Erosionsform, auf.

BURRONE DI FONDO

Das Nonstal wird wegen der vielen Schluchten auch das Tal der Canyons genannt, durch den großen Ort Fondo zieht sich so eine tiefe Felsenkluft. Nahe der Ortskirche beginnt ein Schluchtenweg, der „Burrone di Fondo“, der in 20 Gehminuten an einer alten Wassermühle vorbei, über Metallstege und Treppen bis zu einem kleinen romantischen Teich mit Seepromenade und Einkehrmöglichkeiten führt, ein tolles Ausflugsziel auch für Kinder. Infos: Tourismusbüro Val di Non, Tel. 0463 830133

Von Fondo fahren wir in Richtung Meran, das nächste Etappenziel ist der verwunschene Ort **Unsere Liebe Frau im Walde**.

Unsere Liebe Frau im Walde

Der immer noch viel besuchte Marienwallfahrtsort ist Teil der Gemeinde St. Felix und liegt auf 1.345 m Meereshöhe. Für Kunst- und Kulturbewusste sowie für Menschen, die Ruhe und Besinnung suchen, ist der Besuch dieses ältesten Marienwallfahrtsortes Oberitaliens mit dem hochverehrten Marienbildnis ein ganz besonderer Höhepunkt. Die Kirche selbst ist ein eindrucksvolles Gesamtkunstwerk, das in dieser ländlichen Abgeschiedenheit besonders erstaunlich ist. Die prächtigen, reich verzierten Altäre in Schwarz und Gold stammen aus der Zeit des Barocks. Am Hochaltar ist das Gnadenbild der Muttergottes ausgestellt. Die vielen Votivbilder an der hinteren Wand zeigen den tiefen Volksglauben der Pilger, deren Anliegen erhört wurden. P nahe der Kirche

Hotel Gasthof Zum Hirschen: Das ehemalige Pilgerhospiz und Dorfwirtshaus wurde 2017 komplett erneuert, entstanden ist eine gelungene Kombination aus Tradition und Moderne. Wanderer und Tagesgäste sind im Restaurant-Bistro Cervo gern gesehen. Malgasottstraße 2, Unsere Liebe Frau im Walde-St. Felix, Tel. 0463 886105, www.zumhirschen.com, P

Gampenpass und -straße

Nur wenige Kilometer vom Wallfahrtsort entfernt liegt auf 1.518 m der Gampenpass am alten Fernweg, der vom Meraner Raum in die Lombardei führte. In der Zwischenkriegszeit erlangte die Strecke als militärische Ersatzroute zur Hauptachse im Etschtal wieder Bedeutung. Nach einer langen Waldstrecke finden wir bei km 23/V einen Aussichtspunkt mit Parkplatz, Sitzbank und einem großen Holzkreuz, der Ausblick aufs Etschtal, die Berge und den Bozner Talkessel ist umwerfend! Bei der nächsten Abzweigung sollten Feinschmecker einen Abstecher nach Tisens einschlagen, es lohnt sich.

Restaurant Zum Löwen: Anna Matscher, Südtirols einzige Sterneköchin, führt in Tisens ein stilvolles, einmalig gutes Restaurant. Hauptstraße 72, Tisens, Tel. 0473 920927, www.zumloewen.it, Mo. und Di. Ruhetag, P

Von Tisens sind es nur mehr 17 km bis nach Meran, die Straße führt mit herrlichen Ausblicken übers Etschtal und das Meraner Becken nach Lana und zum Ausgangspunkt zurück.

8 | Von Meran ins ursprüngliche Ultental

Meran → Lana → St. Pankraz → Mitterbad → St. Walburg → St. Nikolaus

Reine Fahrzeit 2 h 5 min, 89 km

Das Ultental, südwestlich von Meran, hat seinen eigenen Reiz. Es ist – obwohl keine 30 km vom Tourismusmagneten Meran entfernt – eine Oase der Ruhe, in der sich noch viel der ursprünglichen Bergbauernwelt erhalten hat. Sichtbare Zeichen sind die Bauernhäuser in eindrucksvoll stimmiger Holzbauweise, mit Schindeldächern, hölzernen Balkonen und Fenstern an sonnengebräunten Holzbalkenwänden, die im Sommer von Blumen überquellen. Die schmucken Dörfer liegen größtenteils im Talboden und sind allesamt nach Heiligen benannt: St. Pankraz, St. Walburg, St. Nikolaus und St. Gertraud. Der Sage nach trieben im Tal so viele Teufel ihr Unwesen, dass die Siedlungen himmlischer Schutzmächte bedurften.

Wir fahren süd-westwärts aus Meran heraus, in Richtung Lana. Beim Kreisverkehr am Ortsbeginn biegen wir rechts auf die Ultner Straße ab, diese windet sich durch Weinberge und Apfelanlagen in die Höhe, quert den Berghang und steuert auf **St. Pankraz**, den ersten Talort, zu.

Häusl am Stein

Bei St. Pankraz steht eines der kuriosesten Bauwerke Südtirols, das „Häusl am Stein". Die Legende besagt, dass das Haus bei einem Bergrutsch auf den Felsen geschoben wurde. Die Entstehungsgeschichte ist eine andere und klingt unglaublich: Einst standen unterhalb von St. Pankraz am Falschauer-Bach mehrere kleine Bauernhäuser. Bei einem Unwetter im Jahr 1882 rissen die Flutmassen alle Häuser am Bachbett mit sich – mit Ausnahme eines einzigen, das unwissentlich auf einem riesigen Felsblock errichtet worden war, der nun freigespült wurde. Ausgehend von der Sportzone St. Pankraz P ist das merkwürdige Bauwerk am Wieserbachlweg in wenigen Minuten Fußweg erreichbar.

Das weiße Gold des Ultentals

Die Falschauer entspringt am Weißbrunner Ferner und durcheilt als munterer Bach alle Vegetationszonen, vom Gletscher bis zu den Weingärten in Lana. Der Mensch hat sich den Wasserreichtum zunutze gemacht, mehrere Male wird der Talbach aufgestaut: Sechs Stauseen speichern die weiße Kohle und erzeugen pro Jahr ca. 400 Mio. kW Energie. Vor der Schönheit der klaren, smaragdgrünen Gebirgsseen vergisst man, dass dafür die schönsten Wiesengründe und Gehöfte im Talgrund überflutet und geopfert wurden.

Nach St. Pankraz verläuft die inzwischen gut ausgebaute und verbreiterte Ultner Straße im Talgrund, bevor wir das nächste Dorf, St. Walburg, erreichen, zweigt eine kleine Straße nach **Mitterbad** ab.

Eine ruhmreiche Vergangenheit

Einst war Mitterbad ein berühmtes Heilbad. Viele bekannte Persönlichkeiten suchten hier Linderung bei vielerlei Beschwerden, unter den Besuchern waren auch Kaiserin Sisi (ihre Stiefeletten sind im Ultner Talmuseum in St. Nikolaus zu sehen!), die Brüder Heinrich und Thomas Mann, der Maler Franz v. Defregger – und der preußische Kanzler Otto von Bismarck (1815–1898). Wie von Korrespondenz sicher belegt, verliebte sich Bismarck in die hübsche Tochter des Badlbesitzers und hielt vergeblich um ihre Hand an, als „Lutherischer" war eine Beziehung zu einer Katholikin undenkbar. Vom einst berühmten Heilbad ist heute wenig übrig: bröckelnder Putz, schadhafte Dächer – der raue Charme einer Ruine mit bewegter Geschichte.

Wieder zurück auf der Staatsstraße, fahren wir weiter nach **St. Walburg**, dem Hauptort des Tals.

Am Ortseingang von St. Walburg passieren wir eine Engstelle an einer scharfen Kurve, einer Ecke, hier liegt am Dorfplatz der **Eggwirt**, ein Traditionsgasthaus, das Modernes mit Traditionellem wie der holzgetäfelten „Eckstube" aus dem Jahr 1611 kombiniert. Die Mitgliedschaft bei der Gemeinschaft „Südtirol Gasthaus" verpflichtet zur Qualität. Gasthof Eggwirt, St. Walburg, Tel. 0473 795319, www.eggwirt.it, P

Die Traditionsbäckerei **Ultner Brot** am Dorfplatz von St. Walburg ist bekannt für die biologischen Brote und Backwaren aus selbstgemahlenem Vollkornmehl, mit Natursauerteig und fast alles handgefertigt. Probieren Sie die Vinschgerln! Im angeschlossenen Café Ultun mit Panoramaterrasse gibt's Kuchen, Torten und kleine Gerichte. St. Walburg 114, Tel. 0473 795327, www.ultnerbrot.it

Ab dem Ortsaugang von St. Walburg verläuft die Strecke am großen Zoggler Stausee entlang, zur Rechten liegt die Talstation der Seilbahnen zum Wander- und Skigebiet Schwemmalm. Im nächsten Dorf, **St. Nikolaus**, ist das Talmuseum einen Besuch wert.

Ultner Talmuseum

Sie werden staunen und Spaß haben bei der Besichtigung der umfangreichen Sammlung von Hausrat, bäuerlichem Gerät, Schriften, Bildern, Kuriosem und anderem mehr oder weniger Wertvollem aus dem Ultental. Zu sehen in der urigen einstigen Schule von St. Nikolaus. St. Nikolaus 107, Tel. 0473 428900

Weiter taleinwärts kommen wir nach **St. Gertraud**, hier ist die breite Talstraße zu Ende, aber nicht unsere Ausflugsfahrt!

Besucherzentrum Lahnersäge im Nationalpark

Das Ultental dringt weit in das Ortlergebiet vor, der Talschluss gehört bereits zum Nationalpark Stilfser Joch. In den hölzernen Gebäuden der Lahnersäge, am Ende der breiten Talstraße, wurde ein Informationszentrum des Nationalparks eingerichtet, hier steht die Holz- und Waldnutzung im Mittelpunkt. Im Sommer gibt es regelmäßige Vorführungen der wasserbetriebenen historischen Säge. St. Gertraud 62, Ulten, Tel. 0473 798123, www.stelviopark.bz.it, P

ZU DEN URLÄRCHEN

Unweit vom Naturparkzentrum Lahnersäge in St. Gertraud steht ein beeindruckendes Naturdenkmal, drei als Urlärchen bezeichnete Nadelbäume, denen ein Alter von über 2.000 Jahren nachgesagt wird. Der Umfang der stattlichsten Lärche misst ca. 8 m. Alle drei haben ihren Wipfel durch Sturm oder Blitzschlag eingebüßt. Einkehrmöglichkeit am Beginn: Gasthaus Edelweiß, Tel. 0473 798114, und am Ende, bei den Lärchen: Lärchengarten, Tel. 0473 798011, sowie Hofschank bei den Urlärchen, Tel. 0473 798030

25 min (Hinweg) 1,3 km kein nennenswerter Höhenunterschied. P nahe des Besucherzentrums Lahnersäge

Vom Parkplatz P bei St. Gertraud führt eine kleine Straße noch 6 km zum Weißbrunnsee auf 1.900 m, einem der sechs Stauseen des Ultentals. Die Straße wurde als Versorgungsstraße beim Staudamm- und E-Werkbau errichtet. Der See, seine grasigen Ufer mit den Lärchenwiesen und das an seinem Ufer gelegene Berggasthaus Knödelmoidl (Tel. 0473 798107) sind ein beliebtes Ausflugsziel. Ab hier starten Alpinisten zu Touren im östlichen Teil des Nationalparks. Für die Rückfahrt nehmen wir dieselbe Strecke wie auf der Hinfahrt.

9 | Auf den Tschögglberg

Meran → Hafling → Vöran → Mölten → Jenesien

Reine Fahrzeit 1 h 48 min, 88 km

Das sonnige Hochplateau des Tschögglbergs läuft von den Bergen im Osten Merans nach Süden aus. In Wiesen und Wäldern eingebettet liegen die Dörfer Hafling, Vöran, Mölten und Jenesien sowie eine Reihe von beschaulichen Weilern. Wer vom Etschtal aus die hoch aufragenden und felsigen Bergflanken betrachtet, kann sich kaum vorstellen, dass sich dort oben zwischen 1.000 und 1.500 m diese sanft gewellte Landschaft erstreckt! Die Auffahrt zur Hochfläche ist über gute Zufahrtsstraßen möglich, die Verbindungsstraßen zwischen den Dörfern sind etwas schmaler, nicht für Schwerverkehr ausgelegt, das ist gut so! In Verbindung mit der Talstraße durchs Etschtal ergibt sich eine erlebnisreiche Rundfahrt, Start kann sowohl in Bozen als in Meran sein, wir unternehmen unsere Tour von letzterer Stadt aus.

Im Nordosten Merans folgen wir den Straßenschildern Richtung Schenna, biegen Richtung Hafling ab und fahren über eine gut ausgebaute Straße vom Talboden auf das Hochplateau. Noch vor der Ortseinfahrt von **Hafling** und der großen Brücke über die Schlucht des Sinichbachs folgen wir den Schildern zur **St.-Kathrein-Kirche** und zum Reiterhof Sulfner. Hier ist der Parkplatz P und Ausgangspunkt für den Haflingerweg und zum St.-Kathrein-Kirchlein.

St. Kathrein in der Scharte

Von Meran aus hat uns die Kirche von St. Kathrein in einer Scharte am Horizont zugewinkt und uns in die Höhe gelockt. Oben angekommen, ist die Aussicht nicht minder prächtig. Die Höhenkirche ist uralt, sie wurde bereits 1251 geweiht. Im Kirchenraum zeigt sich eine wertvolle Ausstattung, darunter ein gotischer Flügelaltar mit der zentralen Statue der hl. Katharina, der Kirchenpatronin. Wegen des Radmartyriums wurde Katharina von den Fuhrleuten verehrt, das erklärt, warum auch außen an der Fassade Malereien angebracht wurden. Am Ende der steilen und gefährlichen Straße von Meran herauf endete bei der Kirche der mühevolle Aufstieg, Katharina sei Dank! P

Der Haflinger

Seinen Namen hat das stämmige, gutmütige **Haflingerpferd** mit der blonden Mähne vom Dorf Hafling. Als noch keine Straßenverbindung von Meran herauf bestand, übernahmen die blonden, flinken und geländetauglichen Pferde den Zubringerdienst für die Touristen, sie wurden ganz einfach „Haflinger“ genannt. Einst als Tragtier und Arbeitspferd eingesetzt, ist es heute ein Freizeitpferd, fuchsfarbig mit weißblonder Mähne, hervorragendem Charakter, ruhigem Temperament und guten Reiteigenschaften. Die Rassebezeichnung „Haflinger“ wurde von den k. u. k. Behörden 1898 genehmigt.

HAFLINGER ERLEBNISWEG

Wo soll er sein, wenn nicht in Hafling, der Erlebnisweg, der dem liebenswürdigen Blondschopf, dem Haflingerpferd, gewidmet ist? Er beginnt beim St.-Kathrein-Kirchlein und schlängelt sich über 2,3 km bis ins Dorf. Auf diesem Themenweg erfahren wir an unterhaltsamen und informativen Stationen allerlei über das Haflingerpferd.

1 h 20 min (Hin- und Rückweg)  4,4 km 100 Hm

Von der Kirche fahren wir wieder zurück zur Hauptstraße und von dort weiter in Richtung **Hafling**.

MERAN 2000

Ein Abstecher in die Höhe samt Seilbahnfahrt gefällig? Eine Stichstraße bringt uns kurz vor der Ortseinfahrt von Hafling zum höher gelegenen Ortsteil Falzeben auf 1.600 m. Hier startet eine Gondelumlaufbahn und bringt uns in wenigen Minuten auf die Kuppe von Piffing über die Baumgrenze ins Ski- und Wandergebiet von Meran 2000 mit fantastischem Weitblick. Das alpin-rustikale Berggasthaus Piffiger Köpfl (Tel. 0473 279610) oder das modern gestylte Panorama Bistro Meran 2.000 (Tel. 346 0995390) laden zur Einkehr ein.

Zurück auf der Landesstraße, passieren wir Hafling und fahren weiter, kurz vor Vöran versäumen wir nicht die Abzweigung linker Hand zu einer weiteren Sehenswürdigkeit, dem Knottnkino.

DAS KNOTTNKINO VON VÖRAN

Im Westen fallen die Flanken einer 1.465 m hohen Felskuppe bei Vöran senkrecht gegen das Etschtal hin ab, von Osten her kann der bewaldete Felsrücken – im Volksmund steht „Knottn" für Felsen – problemlos erwandert werden. Der Eintritt zum originellsten Kino Südtirols ist frei! Hier stehen die 30 Klappsessel aus wetterfestem Kastanienholz, das „Knottnkino", das der Rittner Künstler Franz Messner (1952–2017) errichtet hat. Auf der „Leinwand" zu sehen ist das einzigartige, sich je nach Jahreszeit, Wetter und Sonnenstand ändernde Panorama über das Etschtal, Meran, die Ultner Berge und das Ortlermassiv. P an der Vöraner Straße, in der Nähe vom Gasthof Alpenrose, hier startet der Fußweg zum Aussichtsplatz.

45 min (Hinweg) 1,4 km 150 Hm

Wir fahren weiter nach **Vöran**, von dort geht die Straße in vielen Windungen und in leichtem Auf und Ab in Richtung **Mölten**, ein gutes Stück vor der Dorfeinfahrt und einer Wegteilung halten wir uns links, folgen den Schildern „Jenesien" und „Flaas", es ist die Abkürzung ins Dorf und die Zufahrt zur Sektkellerei Arunda.

Sektkellerei Arunda: In Mölten befindet sich die höchstgelegene Sektkellerei Europas. Sepp und Marianne Reiterer stellen nach der klassischen Flaschengärungsmethode vielfach prämierte Spitzensekte her. Ein Besuch gegen Voranmeldung inklusive Verkostung (nur

für den Beifahrer!) ist ein prickelndes Erlebnis. Info und Anmeldung: Sektkellerei Arunda, Prof.-Josef-Schwarz-Straße 18, Mölten, Tel. 0471 668033, www.arundavivaldi.it, P

Vom östlichen Ortsteil von Mölten schlagen wir die nun etwas schmalere Straße nach Jenesien ein, sie geht bergauf zum flachen Sattel **Schermoos** und nun auf der Ostseite des Tschögglbergs mit herrlichem Dolomitenblick in Richtung Süden. Übrigens, wer's kürzer will: Von Mölten wäre die Talfahrt ins Etschtal möglich.

Für einen Stopp in einem rustikalen Berggasthof biegen wir 1 km nach dem Sattel von Schermoos zum **Gasthaus Lanzenschuster** ab. Hier kommen typische Tiroler Gerichte mit mediterranem Einschlag sowie herrliche Süßspeisen auf den Tisch. Gute Weinauswahl. Lanzenweg 12, Jenesien, Tel. 349 6176738, www.lanzenschuster.com, Mo. Ruhetag, P

Weiter geht es über den Weiler Flaas zum Dorf **Jenesien** (1.100 m), das an der Kante des Tschögglbergs oberhalb des Bozner Talkessels liegt. Das Haufendorf schmiegt sich um die Dorfkirche und den buckeligen Kirchplatz.

Am Kirchplatz liegt ein komfortables Landhotel mit gutem Restaurant, das Hotel und **Landgasthof zum Hirschen**. Die Mitgliedschaft im Verbund „Südtirol Gasthaus" bürgt für typische gepflegte lokale Küche. Zum Haus gehört ein Reiterhof mit Haflingerpferden. Schrann 9c, Jenesien, Tel. 0471 354195, www.hirschenwirt.it, Mi. Ruhetag, P

Von Jenesien windet sich die nun wieder breite Panoramastraße mit herrlichem Blick auf die Landeshauptstadt, übers Etschtal und die Dolomiten bergab, im letzten Streckenteil geht es durch Weinberge nach **Bozen** und von dort wieder zurück nach **Meran**.

10 | Ins Überetsch und ins untere Etschtal

Bozen → Terlan → Andrian → St. Pauls → St. Michael/ Eppan → Montiggl → Girlan → Bozen

Reine Fahrzeit 1 h 17 min, 40 km

Nahe der geschäftigen Landeshauptstadt Bozen liegt eine Reihe von schönen, historischen Dörfern in einer üppigen, fruchtbaren Gegend. Wir sind im Überetsch und dem unteren Burggrafenamt auf Teilen der „Südtiroler Weinstraße" unterwegs. Neben dem florierenden Tourismus hat die Landwirtschaft immer noch einen großen Stellenwert, alles dreht sich in den intensiv bebauten, vom Klima begünstigten Hügel- und Tallagen um Äpfel und Wein, die Obstanlagen und Reben dringen bis an den Stadtrand vor. In einem großen zusammenhängenden Waldgebiet sind zwei romantische Seen versteckt, Burgen und herrschaftliche Ansitze grüßen von Hügelkuppen.

Über den Stadtteil Gries fahren wir im Westen Bozens aus der Stadt hinaus, wir nehmen die Staatsstraße, und nicht die „MeBo" genannte Schnellstraße in Richtung Meran, die nächste Station ist **Terlan.**

Terlan – Burg, Wein und Spargel

Die Burgruine Neuhaus bestimmt die Silhouette von Terlan. Die Hänge hier sind ein berühmtes Anbaugebiet für Weißweine. In den dunklen Porphyrfelsen im Rücken von Terlan wurde einst Silbererz abgebaut. Die Legende weiß, dass die Reben hier so tiefe Wurzeln schlagen, dass sie bis zu den verborgenen Silbererzadern reichen, weshalb der Terlaner Wein so funkelt. Die besten Lagen hießen einst Silberleiten. Die Weine der Kellereigenossenschaft Terlan zählen unter Kennern zu den besten und langlebigsten der Welt. Kellerei Terlan, Silberleitenweg 7, Tel. 0471 257135, www.cantina-terlano.com
Im sandigen Talboden um Terlan fühlt sich der Spargel wohl. Wenn Sie im Frühjahr unterwegs sind, finden Sie auf den Speisekarten der Restaurants das königliche Gemüse unter dem Markennahmen „Margarethe", in Anlehnung an Margarethe Maultasch, die letzte Landesfürstin von Tirol, die gern auf Schloss Neuhaus in Terlan wohnte. Kenner sakraler Kunst gehen in die Dorfkirche, die Wände sind mit wunderbaren frühgotischen Fresken von Meister H. Stockinger geschmückt.

Die Route quert jetzt das Etschtal und führt von Terlan in das kleine, idyllisch im Grünen gelegene Dorf **Andrian** auf der gegenüberliegenden Talseite.

Andrian

Auch in Andrian ist der Wein ein großer Wirtschaftsfaktor. Die Kellereigenossenschaft Andrian wurde bereits 1893 gegründet und ist somit die älteste Südtirols. Das Verkaufs- und Probierlokal im Kirchweg 2 ist ein Treffpunkt für Weinkenner und -liebhaber. www.kellerei-andrian.com

Von Andrian fahren wir nach **Missian**, an der Auffahrt auf die Schnellstraße biegen wir rechts ab. Die LS 54 geht im Talboden durch Apfelanlagen, am Golfclub Eppan vorbei, nach der Häusergruppe von Unterrain biegen wir rechts ab („Missian, Eppaner Burgen"), durch Obst- und Weinberge schlängelt sich die Straße eine Hügellandschaft hoch und an Missian vorbei. Wir wollen Schloss Hocheppan besichtigen und erwandern, deshalb biegen wir rechts in den Hocheppaner Weg ab, 1 km nach dem Hotel Schloss Korb parken wir am Waldrand auf einem eigens für die Schlossbesucher angelegten Parkplatz P.

BURG HOCHEPPAN

Hocheppan war einst eine der mächtigsten Burgen des Landes. Im 12. Jh. erbaut, gelangte sie von den Eppaner an die Tiroler Grafen und letztendlich an die Grafen Enzenberg, 2016 wurde Hocheppan von der Gemeinde Eppan erworben und präsentiert sich als gepflegte, in vielen Teile zugängliche Anlage in vorbildlichen Zustand. Der kunsthistorisch wertvollste Teil der Burgruine ist die kleine Burg-

kapelle mit romanischen Fresken von überregionaler Bedeutung aus der Zeit um 1300. Der Ausblick ist umwerfend, in der weiten Ebene liegt die Stadt Bozen, überragt von den Dolomitenzacken. In der Burgschänke ist bei guter Hausmannskost schön einzukehren. Infos: Tel. 333 6698212, www.hocheppan.it
Vom Parkplatz folgen wir den Wegweisern „Burgenweg" nach Hocheppan. Zuerst als Steig im Zickzack bergauf, dann wieder eben, nun auf steiler breiter Waldstraße, gelangen wir zum Burgfelsen und auf einer Holzbrücke über den Burggraben in das Gemäuer der gewaltigen Burgruine.

35 min (Hinweg) 1,2 km 175 Hm

Nach unserer Wanderung fahren wir vom Parkplatz beim Schloss nach **St. Pauls**.

St. Pauls

Die Fraktion St. Pauls, Teil der Großgemeinde Eppan, besticht durch das geschlossene Ortsbild mit den traditionellen Häuserfassaden, den Torbögen, die zum Innenhof führen, den Erkern und der verwinkelten Dachlandschaft der Mönch-und-Nonne-Ziegel. Mehr zu St. Pauls auf S. 91.

Von der Ortsmitte von St. Pauls fahren wir ins Nachbardorf **St. Michael-Eppan** (siehe auch S. 72). Am Ortseingang finden wir gebührenfreie Parkplätze P, ein Fußgängerweg bringt uns ins historische Zentrum, zum neu gestalteten Dorfplatz mit Cafés, Geschäften,

Restaurants, dem Tourismusbüro und der Gemeindeverwaltung. Von St. Michael machen wir einen Abstecher zu den Montiggler Seen, einer Oase im Wald. Dazu fahren wir vom Kreisverkehr am Bahnhofsplatz an der Eppaner Umfahrungsstraße 5 km zum Parkplatz am Großen Montiggler See P.

ZUM GROSSEN MONTIGGLER SEE

Pack die Badehose ein! In die grünen Föhrenwälder, die sich im Osten von Eppan am Hang des Mitterbergs hinziehen, sind der Kleine und der Große Montiggler See und das Dörfchen Montiggl eingebettet, hier geht es ruhiger zu als am viel besuchten Kalterer See. Vom Parkplatz P sind es 10 min Fußweg zur Badeanstalt mit Restaurant am Großen See.

Camping Montiggl: Ein echter Geheimtipp! Wem würde es schon einfallen, auf einen Campingplatz zu fahren, um gepflegt zu speisen? Auf halber Strecke von St. Michael-Eppan zum Montiggler See liegt an der Straße das Restaurant Camping, wo auch Tagesgäste gern gesehen sind. Vom hellen verglasten Speisesaal und der Gartenterrasse geht der Blick über einen romantischen Badeteich zum nahen Wald. Essen und Trinken sind gepflegt, der Service gut, was will man mehr! Bar, Eisdiele, Restaurant, Pizzeria. Tel. 0471 1808290, www.campingmontiggl.com, P

Von Montiggl fahren wir zur Weinstraße zurück und biegen am Kreisverkehr nach Girlan ab.

Girlan

Girlan ist ein weiteres schönes Weindorf der Gemeinde Eppan mit geschlossenem historischen Ortskern. Die Hügel um Girlan sind berühmtes Weingebiet, die modern gestylten Kellereien nehmen Spitzenplätze im Qualitätsranking der Weinbetriebe ein. Unter ihnen sind: Kellerei Girlan, St.-Martin-Straße 24, Tel. 0471 662403, www.girlan.it, Kellerei Schreckbichl, Girlan, Weinstraße 8, Tel. 0471 664246, www.colterenzio.it, Weinkellerei K. Martini & Sohn, Lammweg 28, Girlan, Tel. 0471 663156, www.martini-sohn.it

Von Girlan schwingt sich die Weinstraße in weiten Bögen durch herrliche Weinberge zum Etschtal und auf Bozen zu. Am markanten Felsvorsprung hoch über der Etsch liegt Schloss Sigmundskron.

MMM Firmian

Auf einem markanten Felsriegel aus rotem Porphyr thront die weitläufige, restaurierte Burgruine von Schloss Sigmundskron – ein Blickfang und gleichzeitig eine Besucherattraktion ersten Ranges. Einst Amts- und Gerichtssitz von Lehensherren der Trienter Fürstbischöfe und später der Grafen von Tirol, wurde es von Herzog Sigmund um 1473 erweitert und in Sigmundskron umbenannt. In der Anlage ist heute die Zentrale der Messner Mountain Museen untergebracht. Darin erzählt der berühmte Extrembergsteiger von der Entstehung, Größe und Eroberung der Gebirge. MMM Firmian, Sigmundskroner Straße 53, Bozen. Große Parkplätze P, Burgschänke. www.messner-mountain-museum.it

BOLZANO
BOZEN
Eppan
Appiano
Kaltern
Caldaro
Leifers
Laives
Auer
Ora
Tramin
Termeno
Neumarkt
Egna
Salurn
Salorno
F. Adige Etsch
Naturpark Trudner Horn
Parco Naturale M. Corno
Mendelpass
P.so d. Mendola
Kalterersee
L. di Caldaro
Montigglerseen
L. di Monticolo
Gantkofel
M. Macaion
M. Penegal
M. Roen
Montan
Montagna
Margreid
Magrè
Kurtatsch
Cortaccia
Kurtinig
Cortina
Pfatten
Vadena
Branzoll
Bronzolo
Aldein
Aldino
Truden
Trodena
Altrei
Anterivo
Capriana
Trudner Horn
M. Corno
TABACCO

11 | Vom Überetsch ins Unterland

Bozen → Eppan → Kaltern → Tramin → Kurtatsch → Margreid → Salurn → Neumarkt → Bozen

⚠ Reine Fahrzeit 1 h 30 min, 77 km

Wer kennt nicht Tramin, die Heimat des Gewürztraminers, oder den Kalterer See, den hellen, trinkigen Rotwein, der von den Lagen rund um den See und das Dorf Kaltern stammt? Sonnenverwöhnt zieht sich von Bozen ein breites Trogtal nach Süden hin, hier zeigt sich das üppige, südliche Südtirol. An der rechten Talseite liegt etwas erhöht, „über der Etsch", das Überetsch mit den großen Weindörfern Eppan und Kaltern, weiter südlich sind die Orte Tramin, Kurtatsch und Margreid an der Weinstraße aufgereiht, bis sich das Etschtal bei der Salurner Klause wieder verengt. Im Talgrund fahren wir durch Salurn, Neumarkt und Auer, die an der Strecke, im Unterland, liegen. Wir kommen durch schöne Dörfer mit pittoresken Gassen und stattlichen Häusern, besuchen Weinbetriebe und spazieren am See entlang. Ein großer Teil unserer Rundfahrt verläuft auf der Südtiroler Weinstraße.

Wir verlassen Bozen in westlicher Richtung und nehmen die Staatsstraße nach Eppan und Kaltern. Nach 9 km Fahrt, im letzten Teil mit leichter Steigung durch Obstanlagen und Weinberge, fahren wir an einer Gabelung rechts ab. Achtung, wir finden den Ortsnamen Eppan, der für die Verwaltungsgemeinde steht, nicht, wir folgen dem Schild „St. Michael" zum Parkplatz P am Ortsrand.

St. Michael-Eppan

Die Burg Hocheppan und die Grafen von Eppan haben dem Landstrich am Fuß der Mendel den Namen gegeben. Die stolze Burg in dominierender Hanglage ist zu einer, wenn auch gut restaurierten Ruine herabgesunken, die einst dort lebenden Grafen längst ausgestorben, geblieben ist der Name Eppan, der auf die Verwaltungsgemeinde mit den verschiedenen Ortsteilen übergegangen ist. Wir besuchen St. Michael, den Gemeindesitz, mit einem schönen, verkehrsberuhigten historischen Dorfkern, Cafés, Läden und Restaurants. Seit jeher waren Eppan und das Überetsch beliebter Wohnort, in der Rebenlandschaft finden wir alte Bauernhäuser und schlossartige Landsitze, im Ortskern stattliche Bürgerhäuser. Aus der gelungenen Verschmelzung zwischen lokaler Bautradition und italienischer Renaissancearchitektur entwickelte sich der „Überetscher Stil", eine eigene Bauweise, die durch die charakteristischen Doppelbogenfenster des herrschaftlichen Wohntrakts im ersten Stockwerk gekennzeichnet ist. Mehr zu Eppan: Tel 0471 662206 oder www.eppan.com

Zurück auf der Staatsstraße, fahren wir durch herrliche Weinberge nach Kaltern.

Auf einem Weinhügel zu unserer Linken zeigt sich ein Ensemble aus Kirchlein und türmchengekröntem Landsitz, es ist der **Kreithof**, Drehort des „Bozen-Krimis", einer Serie von bisher zwölf Filmen aus der Reihe „Donnerstag-Krimi im Ersten". Dort wohnt natürlich nicht Kommissarin Sonja Schwarz, sondern der Weinbauer vom Kreithof, der Ihnen gerne besten Wein verkauft. www.kreithof.com

Weiter geht's nach **Kaltern**, wir fahren an der Ortseinfahrt, am großen Kreisverkehr, rechts in die Maria-Theresien-Straße zum großen Parkplatz P am Rottenburgplatz. Mehr zu Kaltern auf S. 94.

Wein, Wein, Wein! Was wäre eine Fahrt über die Weinstraße ohne ein paar gute Flaschen als Mitbringsel? Hier einige Tipps: Die Genossenschaftskellereien sind meist eine gute Wahl und garantieren ein stimmiges Preis-Leistungs-Verhältnis. Adressen unter: www.suedtiroler-weinstrasse.it

Einen Querschnitt durch das lokale Weinangebot bietet das **Weinhaus Punkt**, ein Gemeinschaftsprojekt der Kalterer Weinproduzenten. Weinverkostungen und -verkauf mit kleinem Restaurant. Marktplatz 3, Kaltern, Tel. 0471 964965, www.wein.kaltern.com
100% biodynamisch produzierte Weine und eine interessante unterirdische Architektur bietet **Manincor**, St. Josef am See 4, Kaltern, Tel. 0471 960230, www.manincor.com
Hermann Luggin vom Buschenschank **Steffelehof** arbeitet biologisch und baut pilzwiderstandsfähige Rebsorten an. Auch typische Gerichte. Heppenheimer Straße 11, Kaltern-St. Nikolaus, Tel. 339 6862509, www.luggin-steffelehof.com

Nun geht es auf der Weinstraße in Richtung Süden, zum **Kalterer See**, der vom Talgrund heraufblitzt. Um zu den Badeanstalten und Restaurants zu gelangen, fahren wir von der Weinstraße ab, eine kurze Stichstraße bringt uns zum Parkplatz P in Ufernähe.

Kalterer See

Baden, im Strandrestaurant mit Seeblick speisen oder Tretboot fahren? Am viel besuchten See liegen die besten Bademöglichkeiten am Westufer, es gibt leider keinen freien Zugang zum See, dafür mehrere attraktive öffentliche Badeanstalten, von denen das gemeindeeigene „Lido" eine schöne Liegewiese, Sonnenstege, ein Café und Restaurant und einen Pool auf Stelzen, also mit Aussicht, bietet. Eine Gaudi für Jung und Alt kann auch Tretboot fahren sein, Verleih am See.

🍴 **Seehotel Ambach:** Der Kalterer See hat auch seine ruhigen Seiten: Direkt am Nordostufer, mit Terrassenrestaurant, Café am Nachmittag und eigenem Badestrand, liegt das architektonisch interessante Haus aus den 1970er-Jahren mit 32 Zimmern und Suiten, alle mit Seeblick. Wie wär's mit einem Frühstück am See (bis 10.15 Uhr, Reservierung erwünscht)? Klughammer 3, Kaltern, Tel. 0471 960098, www.seehotel-ambach.com, P

Wieder zurück auf der Weinstraße, fahren wir am Westufer des Sees entlang bis zum Nachbardorf Tramin, der Heimat des berühmten Weißweins. Um das Dorf zu erkunden, parken wir am zentralen Mindelheimer Platz P (Mindelheim in Schwaben ist die Partnergemeinde von Tramin) und erkunden von dort aus den historischen Ortskern.

Tramin

Auch in Tramin sind Wein und Reben allgegenwärtig, die renommierte Kellerei Hofstätter grenzt z. B. unmittelbar an die prächtige, gotische Pfarrkirche. Und im Norden des Dorfes, an der Einfahrt, macht das mit symbolischen grünen Weinranken umschlungene Gebäude der Traminer Kellerei für den weißen Traminer Werbung. Am Dorfplatz erinnert ein runder Brunnen mit einer seltsamen Brunnenfigur an den Egetmann, eine Figur des Traminer Faschingsumzugs, der alle ungeraden Jahre mit großem Pomp und viel Volk abgehalten wird. Das Hoamet-Tramin-Museum (Hoamet ist das Dialektwort für Heimat), wenige Schritte entfernt, erzählt das Leben von Tramin und auch den Brauch des Egetmannumzugs. Tel 328 5603645, www.hoamet-tramin-museum.com

Nach der Abfahrt von Tramin ist unser nächstes Etappenziel **Kurtatsch**.

Kurtatsch

Das Dorf liegt auf einem Hügel inmitten herrlicher Weinberge, die sich vom Talboden bis zu den Bergflanken hochziehen. In den heißen Tallagen wachsen die mächtigen Rotweine, auf den steilen Leiten die aromatischen Weißweine. Das noch nicht komplett vom Tourismus vereinnahmte Dorf blickt schon nach Süden, die italienische Nachbarprovinz lässt grüßen. Die steilen Dorfgassen mit den herrschaftlichen Weinhöfen hat man bald erkundet, auch die architektonisch interessante Kellereigenossenschaft im Süden des Dorfs, an der Weinstraße, lohnt einen Besuch. www.kellerei-kurtatsch.it

Gasthaus Schwarz Adler: Das stilvoll ausgebaute und erweiterte alte Gemäuer gegenüber dem gleichnamigen Hotel (gepflegte Übernachtungsmöglichkeit) kombiniert Traditionelles mit modernem Ambiente. Auf der Speisekarte sind wenige, aber gute Speisen gelistet, bekannt ist das T-Bone-Steak vom Holzkohlengrill. Gut sortierte Önothek mit Weinverkauf. Hauptmann Schweiggl Platz 1, Kurtatsch, Tel. 0471 096405, www.schwarzadler.it

Von Kurtatsch fahren wir weiter nach Süden bis nach **Margreid**.

Margreid

Margreid duckt sich eng an den steilen Berghang – es zeigt sich ein ähnliches Dorfbild wie im benachbarten Kurtatsch mit schönen Gehöften und Ansitzen. Hier hat der Weinbetrieb Alois Lageder, eine moderne Kellerei nach biologisch-dynamischen Gesichtspunkten, in den geschichtsträchtigen Mauern vom Casòn Hirschprunn und der

Kellerei Tòr Löwengang, seinen Sitz. Bei Führungen und Verkostungen kann das Thema Bio-Wein kennengelernt und vertieft werden. Für Verkostungen, kulinarischen Genuss und Einkauf steht die Vineria Paradeis offen. St.-Gertraud-Platz 10, Margreid, Tel. 0471 809580, www.aloislageder.eu

Wir bleiben noch etwas auf der Weinstraße, nehmen dann die SP 14 und biegen dann nach links ab in Richtung **Salurn**.

Salurn

Salurn, auf der östlichen Talseite an der Provinzgrenze zum Trentino gelegen, weist schon einen beträchtlichen italienischen Bevölkerungsanteil auf. Es bildet den südlichsten Punkt unserer Rundtour, das Tal verengt sich an dieser Stelle und bildet die Salurner Klause. Ein Gang durch die Dorfgassen zeigt uns einmal mehr alte repräsentative Bausubstanz, auch wenn etliche der schönen, historischen Ansitze ein wenig von ihrem Glanz verloren haben.

Auf der breiten, gut ausgebauten Staatsstraße geht es nun auf dem Rückweg an der östlichen Talseite des Etschtals in Richtung Bozen zurück, zunächst liegt **Neumarkt** (10 km von Salurn, siehe S. 97) an der Straße, ein schöner, alter, städtisch anmutender Marktflecken. Eine weitere Etappenmöglichkeit wäre das Nachbardorf **Auer** (S. 100). Leifers, kurz vor Bozen, lassen wir „links liegen“.

12 | Von Bozen auf die Mendel

Bozen → Eppan → Mendel → Fondo → Gampenpass → Prissian → Tisens → Nals → Bozen

⚠ Reine Fahrzeit 2 h 10 min, 99 km

Sonne, Wein und Süden, das ist das Burggrafenamt zwischen Meran und Bozen, ebenso das Überetsch, südlich daran anschließend. Wer die mediterrane Seite Südtirols sucht, wird hier fündig. Zur Rechten überragt der Mendelkamm das Etschtal und bildet die Sprach- und Provinzgrenze zum Trentino, steil und schroff ragen die Felswände empor, kaum zu glauben, dass diese Berge gegen Westen hin sanft abfallen. Vom weinseligen Überetsch aus klettert unsere Straße in die Berge, berührt das italienische Nonstal, um sich wieder ins Etschtal abzusenken. Wir erleben Wein- und Obstanlagen, spektakuläre Straßenabschnitte, die durch Felswände und über zwei Pässe führen, Wälder und Wiesen und dazu schöne alte Dörfer mit engen Gassen und stattlichen Häusern. Von ausgewählten Aussichtspunkten genießen wir ein herrliches Panorama.

Ausgangspunkt ist Bozen, wir verlassen die Stadt in westlicher Richtung und nehmen die Staatsstraße nach Eppan, nach dem Ortsende biegen wir rechts in Richtung Mendelpass ab, durch schönste Weinberge geht die Mendelpassstraße in vielen Kurven in die Höhe, die Straße taucht in Laubmischwald ein.

Kalterer Höhe

Bei der Straßenkreuzung mit dem Gasthaus P, das sich bezeichnenderweise „Kalterer Höhe" nennt (eine Abzweigung nach Kaltern wäre möglich), legen wir eine erste kurze Kaffeepause ein, hinter dem Gasthaus führt ein Pfad in wenigen Minuten zu einer Kuppe, dort tut sich ein fantastischer Blick auf das fruchtbare Überetsch mit dem Weindorf Kaltern auf, im Süden blitzt der Kalterer See aus dem breiten Etschtal.

Jetzt beginnt die eigentliche Passstraße, wegen der vielen Kurven und der geringen Steigung ist sie nicht nur bei Moorrad-, sondern auch bei Fahrradfahrern sehr beliebt, besondere Vorsicht wegen dieser Verkehrsteilnehmer ist also angesagt. Kurz vor dem Pass führt die Straße unter beeindruckend senkrechten Felswänden entlang.

Mendelpass

Auf dem Pass (1.363 m) selbst ist der Glanz der alten Tage, als hier zu k. u. k. Zeiten Adel und Prominenz die Ferien verbrachten, vorbei. Die damals entstandenen großen Hotelbauten wurden meist anderen Verwendungen zugeführt oder sind verwaist, vor den Souvenirshops und den Straßengaststätten parken Tagestouristen. Als Attraktion hat sich die Mendelbahn erhalten. Sie wurde 1903 eröffnet und überwindet von Kaltern zum Mendelpass 854 Höhenmeter. Sie gilt als die erste elektrisch betriebene Bahn Tirols und war lange die steilste und längste Standseilbahn Europas. Berühmte Fahrgäste waren Kaiser Franz Joseph und Karl May. Heute verkehren moderne Garnituren mit Panoramadach. Vom Parkplatz am Pass P sind es nur wenige Schritte zur Bergstation mit der großen, frei zugänglichen Panoramaterrasse.

ZUR FERDINANDSHÖHE

Im Jahr 1895 urlaubte der österreichische Thronfolger Ferdinand zwei Monate lang am Mendelpass, einer seiner Lieblingsausflüge war der kurze Spaziergang zu einem besonders markanten Aussichtspunkt, der nach ihm Ferdinandshöhe genannt wurde, dort wollen wir hin. Vom Pass folgen wir wenige Schritte der Straße Richtung Bozen, um dann links, gegenüber vom Kaltererhof, der Beschilderung folgend, auf einen Waldsteig abzubiegen. Nach 15 min Gehzeit leicht bergauf erreichen wir besagten Aussichtspunkt mit überdachter Bank und Erinnerungstafel an den berühmten Gast und müssen zugestehen: Es ist ein magischer Platz! Der Blick geht über den Bozner Talkessel zu den Dolomiten und im Süden weit übers Etschtal und den Kalterer See.

15 min (Hinweg) ca. 500 m kaum Höhenunterschied

Nach dem Mendelpass geht es durch dichte Wälder sanft bergab zum weiten, breiten Nonstal, im Südwesten ragen die Brentadolomiten auf und dahinter die vergletscherten Gipfel der Presanella-

und Adamello-Gruppe. Vor dem großen Dorf **Fondo** begleiten uns wieder Wiesen zum Anschluss an die Straße zum **Gampenpass**, über Tisens und Prissian kehren wir nach Bozen zurück (siehe S. 51).

Gampengallery

Wer nicht unter Klaustrophobie leidet, kann am Gampenpass, kurz vor dem Übergang, eine unheimliche unterirdische Festungsanlage besichtigen. Zwischen den beiden Weltkriegen ließ der faschistische Diktator Mussolini Tunnel errichten, um den Pass zu sperren und vor möglichen Feinden, die er trotz dem Freundschaftspakt mit Hitler in Deutschland vermutete, zu sichern. Das gewaltige unterirdische Sperrwerk, eines der größten Südtirols, kann besichtigt werden, ein tolles Abenteuer auch für größere Kinder. In Teilen der Stollen sind auch eine Mineralien- und Bilderausstellung zu sehen. Infos zu den (unregelmäßigen) Öffnungszeiten: Tel. 0463 530088, www.gampengallery.it, P

Nach dem Gampenpass senkt sich die Straße zum Etschtal hin, auf 670 m Höhe biegen wir rechts auf eine breite Geländestufe nach Tisens ab, vorher machen wir noch einen Abstecher: Dazu fahren wir in **Naraun**, einer Fraktion von Tisens, vom Pass kommend, kurz in Richtung Lana und parken am gut beschilderten Parkplatz P links an der Gampenstraße (vor dem Tunnel).

ZUM KIRCHHÜGEL VON HIPPOLYT

Wahrscheinlich einer der schönsten Aussichtsplätze Südtirols! Ein Forstweg schlängelt sich vom Parkplatz durch eine eigenartige, von abgeschliffenen Felsen und kleinen Terrassen geprägte Landschaft bergauf zu einer Felskuppe mit der Hippolyt-Kirche (1288 erstmals erwähnt, wahrscheinlich viel älter) mit einer unvergleichlichen Aussicht zum Meraner Becken und nach Süden übers Etschtal. Das Gasthaus neben der Kirche lädt zur Rast ein. Tel. 0473 420037, www.gasthaus-hippolyt.it, Do. Ruhetag
Wer gut zu Fuß ist: Auf der Nordseite des Kirchhügels führt ein Wald- und Felssteig (ungefährlich, nur etwas holprig) mit der Markierung Nr. 7 zu einem kleinen verträumten Weiher und von dort wieder auf breitem Feldweg zum Ausgangspunkt zurück.

15 min (Hinweg) 800 m 75 Hm

Vom Parkplatz fahren wir wieder zurück zur Abzweigung („Tisens", „Prissian" „Nals") und es geht weiter nach **Tisens** und dann nach **Prissian**.

Hochplateau von Tisens

In dieser malerischen Mittelgebirgslandschaft über dem Etschtal liegen, erhöht zwischen Lana und Nals, die Ortschaften **Tisens** und **Prissian**, eingebettet in Obstgärten, Kastanienhaine und Mischwald. Auf Anhöhen und Felsvorsprüngen finden sich Burgen und Schlösser sowie mehrere, z. T. uralte Höhenkirchen. Und die Aussicht über das Etschtal, nach Meran und Bozen und zu den Dolomiten in der Ferne ist einmalig.

Gasthof Zum Mohren: Historisches, feines Landhotel mit Restaurant in der alten Dorfgasse von Prissian. Die Küche kombiniert Bodenständiges mit Italienischem, gut sortierter Weinkeller. Weine aus eigenem Anbau, spätgotische antike Stube. Prissian 90, Tisens/Prissian, Tel. 0473 920923, www.mohren.it, Mi. mittags und Do. Ruhetag, P

Von Prissian geht es kurvig nach Nals, weiter nach Vilpian, wo wir auf die Schnellstraße MeBo auffahren und nach Bozen zurückkehren.

13 | Ins Fleimstal und ins Fassatal

Bozen → San Lugano → Carano → Cavalese → Predazzo → Vigo → Karerpass → Bozen

Reine Fahrzeit 2 h 25 min, 114 km

Eine Dolomitenrundtour, die es in sich hat: Vom Südtiroler Etschtal geht es ins benachbarte Trentino, von sanfter Landschaft zu stolzen Dolomitengipfeln, über zwei Pässe, durch schöne Dörfer. Wir erleben die ladinische Kultur des Fassatals, trinken von einer Heilquelle, verkosten Käse und Speck, besichtigen einen alten Kultplatz, und das alles auf einer Strecke von wenig mehr als 100 km.

Wir fahren in Bozen-Süd auf die Autobahn auf und bei der nächsten Ausfahrt Auer-Neumarkt ab. Nun geht es auf der Staatsstraße kurz nach Norden, wir fahren in den Tunnel ein und biegen danach rechts ab, um den Schildern nach Cavalese zu folgen. Die breit ausgebaute Straße schraubt sich mit Kurven und Kehren durch die Felswände empor und gibt, je höher wir kommen, herrliche Ausblicke nach Norden zum Bozner Becken, zu den Meraner Bergen, auf die Weindörfer am Fuß der Mendel im Westen und nach Süden über das breite fruchtbare Etschtal frei. Nach 17 km ab der Autobahnausfahrt Auer gelangen wir auf einen flachen Sattel, den **Pass von San Lugano.**

San Lugano

Die Wiesen und Wälder auf der sanft gewellten Hochfläche von San Lugano charakterisieren das Südtiroler Grenzgebiet zum Trentino, ganz im Südosten des Landes. Bis 1963 fuhr die Fleimstalbahn über den mit 1.097 m recht niederen Sattel, der gleichzeitig auch die Grenze zwischen Südtirol und der Nachbarprovinz Trentino markiert. Er ist seit undenklichen Zeiten die schnellste und bequemste Verbindung aus dem ladinischen und italienischen Dolomitenraum zur Provinzhauptstadt Trient. Gäste aus dem Süden und Norden nutzen die Straße, um zu den beliebten Urlaubsorten zu gelangen. Die gotische Kirche mit romanischem Turm und nebenstehendem Pilgerhospiz aus dem 14. Jh. ist dem hl. Lukanus, Bischof von Säben im 5. Jh., geweiht.

Von San Lugano fahren wir in das Fleimstal, bei km 19,8 verlassen wir die Fleimstalstraße SS 48 und folgen links der SP 126 für 2 km nach **Carano**, die Straße verläuft erhöht über dem Tal, mit herrlichem Ausblick über Cavalese, das Fleimstal und die Gipfel der Lagorai.

Das Fleimstal

Vom Sellastock in den Dolomiten läuft nach Südwesten ein Tal aus, der obere Teil nennt sich Fassatal und ist von Ladinern besiedelt, der anschließende Teil mit italienischsprachiger Bevölkerung ist das Fleimstal (Val di Fiemme). Es wird von den hellen Dolomitenfelsen des Latemar zur Rechten und den dunklen Pyramiden der Lagoraigruppe zur Linken begleitet. 13 Dörfer mit 20.000 Einwohnern sind über die 35 km Länge des dicht besiedelten Val di Fiemme mit seinem milden Klima und weiten, sonnigen Wiesen verstreut. Hauptort ist Cavalese (4.000 Einwohner) mit Schulen, einem Bezirkskrankenhaus und dem Verwaltungssitz der Talgemeinschaft Fleimstal. Letzterer ist im prachtvollen Palazzo della Magnifica Comunità di Fiemme untergebracht: Der mit Fresken und Wappen geschmückte Renaissancebau steht am Hauptplatz, über viele Jahrhunderte diente er den Trentiner Fürstbischöfen als Sommerresidenz. Das Obergeschoss mit seinen schönen Sälen wird als Pinakothek und für Ausstellungen genutzt. www.mcfiemme.eu

Die Therme von Carano

Ein Schluck heilendes Thermalwasser gefällig? In Carano fließt kostenlos Heilwasser aus dem Dorfbrunnen in der Via Tomasi. Das Schwefel-Manganwasser, das im 19. Jh. vom Apotheker in Cavalese untersucht und dem bei Haut- und Gelenkskrankheiten Heilwirkung attestiert wurde, entspringt ca. 300 m entfernt, bei der Quelle von Ceva. Zur k. u. k. Zeit kam die Prominenz aus dem Habsburgerreich, um im Hotel Bagni zu kuren, nach dem Ersten Weltkrieg, als das Trentino zu Italien kam, änderte sich der Gästestrom und das Heilwasser fließt seitdem ungenutzt in den Dorfbrunnen, das einstige Hotel wurde in ein Appartementhaus umgewandelt.

Von Carano ist es ein Katzensprung zu unserem nächsten Halt, dem Hauptort **Cavalese**.

Der Banco della Rason

Cavalese liegt auf einem Geländevorsprung, über dem Tal erhöht. Am Südrand der Stadt liegt auf der Kante die Pfarrkirche und anschließend ein Park mit uralten Linden. Unter diesen Linden steht der Banco della Rason, der „Tisch der Weisheit", eine 1.400 Jahre alte steinerne Rundbank mit einem zentralen runden Steintisch, ein magischer Platz, wo bis vor 200 Jahren die jährliche Versammlung des Gemeinderats stattfand. Die riesigen Waldflächen des Tals waren Gemeinschaftsbesitz, bei der Versammlung wurden u. a. die Verteilung der Erlöse aus dem Holzverkauf und die Weiderechte besprochen.

Tito, Maso dello Speck: Das Ausflugslokal im rustikalen Scheunenstil inmitten von Lärchenwiesen auf 1.300 m ist für die Speck- und Wurstproduktion bekannt. Serviert werden typische lokale Gerichte, angeschlossen ist auch ein großer Hofladen. Kurzer Abstecher von Cavalese in Richtung Lavazé-Pass. Pozze di Sopra 2, Daiano, Tel. 0462 342244, www.titospeck.it

Von Cavalese fahren wir nicht auf der breiten Schnellstraße im Talgrund, sondern auf der hangquerenden Panoramastraße SS 48 durch die Dörfer **Tesero**, **Panchià** und **Ziano** nach **Predazzo**, einer weiteren großen Ortschaft im Tal.

Trekkingschuhe oder Wanderklamotten vergessen? Kein Problem! In Ziano di Fiemme bei Cavalese steht das Werk und der Outlet-Shop des Herstellers von Bergsportbekleidung und -schuhen **La Sportiva**, auf dem internationalen Sportmarkt ein Qualitätsbegriff. Via Ischia 3 (Industriezone). Ein Brand Store befindet sich auch im Zentrum von Cavalese, in der Via Fratelli Bronzetti,17, www.lasportiva.com

Geologisches Museum

Die Berge um Predazzo sind ein Eldorado für Geologen, tektonische Verschiebungen und Auffaltungen, alte Vulkanite und Laven aus neueren Eruptionen mit Kristalleinschlüssen, Sedimentgesteine und Dolomite mit Versteinerungen sind auf engstem Raum anzutreffen. Seit über 100 Jahren sammelt das weit über die Region hinaus bekannte Museum in Predazzo die Schätze der Erde aus der Region. Es ist dem Naturkundemuseum von Trient angegliedert. Piazza SS. Filippo e Giacomo 1, Predazzo, Tel. 0462 500366, www.muse.it, Menüpunkt „Il MuSe sul territorio", P

Wintersport in Predazzo

Predazzo liegt an der Strecke der traditionsreichen Langlaufveranstaltung Marcialonga. Bei den riesigen, unübersehbaren Sprungschanzen an der Talstation der Seilbahnen, an der Talstraße im Norden von Predazzo, finden alljährlich Wettkämpfe in der nordischen Kombination wie auch im Spezialspringen statt. Auf den Schanzenanlagen wird sogar im Sommer gesprungen.

Über das Tal hinaus ist der Käse der **Genossenschaftskäserei von Predazzo und Moena** bekannt, der „Puzzone di Moena" („Stinker aus Moena"), ein würziger Rotschimmelkäse. Gut verpacken lassen! Caseificio Sociale di Predazzo e Moena, Via Fiamme Gialle 48, Predazzo, www.puzzonedimoena.com

Von Predazzo fahren wir auf der Talstraße nordwärts, **Moena** ist die erste große ladinische Gemeinde des Fassatals, nur Ortsansässige dürfen durch den Ort fahren, wir umfahren deshalb Moena in einem Tunnel. An dessen Nordseite geht es nun mit tollem Blick zu den Felswänden des Rosengartens auf **Vigo** (Vich auf Ladinisch) zu, hier verlassen wir das Dolomitental und steuern den Karerpass an.

Ladinisches Kulturinstitut

Pare nosc che te es sun ciel – so fängt das Vaterunser auf Ladinisch an. Wollen Sie mehr über's Ladinische wissen? Dann besuchen Sie das Istituto Culturale Ladino „Majon di Fascegn". Das Museum, entworfen vom Architekten Ettore Sottsass, gibt mit multimedialen Mitteln einen Einblick in die ladinische Kultur. Vigo di Fassa, San Giovanni, Strada de la Pieif, www.istladin.net, P

Agritur Weiß: Schöner geht's nicht! Am Ende einer Stichstraße durch den Wald liegen wenige Bauernhäuser, ein Kirchlein und der Hofschank Agritur Weiß mit gepflegten einheimischen Speisen, als Zugabe gibt's Dolomiten- und Talblick auf dem Präsentierteller. Strada De S. Pozat 11, Vigo di Fassa, Tel. 0462 769115, www. agriturweiss.com,

Von Vigo zieht sich die Straße in vielen Kurven und Kehren mit großartigen Ausblicken über die Dolomitenlandschaft zum Passübergang nach Südtirol hin. Der 1.752 m hohe **Karerpass** trennt den Gebirgsstock des Latemar im Süden vom Rosengartenmassiv im Norden und verbindet dabei das Eggental mit dem Fassatal und somit Südtirol mit dem Trentino. Noch 28 km Abfahrt auf der gut ausgebauten Straße und wir sind wieder in **Bozen** angelangt. Zur Streckenbeschreibung dieses Abschnitts siehe Tour Nr. 18, S. 114.

14 | Nach Eppan und Kaltern

Bozen → St. Pauls → St. Michael → Kaltern → Altenburg → Bozen

⚠ **Reine Fahrzeit 1 h, 43 km**

Im Südwesten von Bozen teilt der Höhenrücken des Mitterbergs die breite Sohle des Etschtals. Zwischen diesem und dem Mendelkamm liegt das Überetsch, eine von der Natur überreich ausgestattete und vom Menschen nachhaltig geprägte Landschaft: Weinberge überziehen die sonnigen Hügel, so weit das Auge reicht; schlanke Zypressen, vereinzelte Palmen und Olivenbäume verströmen mediterranes Flair; die behäbigen Weinhöfe und Herrensitze zeigen den Wohlstand der Gutsherren, die Dichte der Hotels und Pensionen die Bedeutung des Tourismus. Wir bummeln durch schöne Dörfer und fahren etwas in die Höhe, um auch „von oben herab" die Landschaft zu genießen.

≡ Ausgangspunkt ist Bozen, wir verlassen die Stadt in westlicher Richtung und nehmen die Staatsstraße nach Eppan, nach 8 km Fahrt durch Obstanlagen und Weinberge, an einer Straßengabelung, fahren wir rechts nach **St. Pauls** ab.

St. Pauls

St. Pauls, Teil der Großgemeinde Eppan, ist mit seinem historischen Ortskern, der sich um die mächtige Pfarrkirche gruppiert, sicherlich einer der schönsten Flecken Südtirols. Der sogenannte Dom auf dem Lande ist ein prächtiges Werk der späten Gotik. Zur Zeit seiner Erbauung um die Mitte des 16. Jh. war St. Pauls-Eppan die reichste Kirchengemeinde des ganzen Landes. Trotzdem ging beim Turmbau, als man in rund 50 m Höhe angelangt war, das Geld aus. Erst nach 100 Jahren wurde der Turm im barocken Stil vollendet und bekam seine weithin sichtbare Zwiebelhaube aufgesetzt. Natürlich ist auch in St. Pauls der Wein ein wichtiger Wirtschaftsfaktor, besuchen Sie die Weinlaube der Kellerei am Dorfplatz von St. Pauls (www.stpauls.wine) und machen Sie sich ein Bild davon.

Mögen Sie Friedhofsspaziergänge? Dann sind Sie in St. Pauls richtig. Am südöstlichen Dorfeingang, gegenüber von der Kellereigenossenschaft, liegt der Friedhof, unter den Arkaden die Gräber der Honoratioren, im Mittelteil die einfachen Bürger. An der Südmauer befindet sich ein Gedenkstein für jene Südtiroler, die in den 1960er-Jahren im Zusammenhang mit politisch motivierten Attentaten ihr Leben verloren. Der Jahrestag am 8. Dezember ist Anlass zu Gedenkfeiern mit reger Beteiligung stramm patriotisch gesinnter Südtiroler.

Von der Ortsmitte von St. Pauls fahren wir über die St.-Paulsner-Straße südwärts ins Nachbardorf **St. Michael-Eppan**, den Hauptort der Gemeinde. Am Ortseingang finden wir gebührenfreie Parkplätze P, ein Fußgängerweg bringt uns ins Zentrum, zum neu gestalteten Dorfplatz mit Cafés, Geschäften, Restaurants, dem Tourismusbüro und der Gemeindeverwaltung. Mehr zu Eppan siehe Tour 10, S. 64 und Tour 11, S. 71.

An der Westecke des Rathausplatzes stellt das Restaurant **Zur Rose** Tische auf die Straße, ein schöner Ort für einen Aperitif oder ein gepflegtes Essen, immerhin ist der Gastronom Herbert Hintner mit einem Michelin-Stern geadelt, und das schon seit 25 Jahren in Folge, rekordverdächtig! Es werden feinste, der Jahreszeit angepasste Gerichte der italienischen und verfeinerten einheimischen Küche mit ausgewählten regionalen Produkten serviert. Gattin Margot Hintner verantwortet die gut sortierte Weinkarte. Angemessene Preise. Josef-Innerhofer-Straße 2, Tel. 0471 662249, www.zur-rose.com, P am Hans-Weber-Tyrol-Platz, wenige Schritte entfernt

ZUR GLEIFKIRCHE

Ein kurzer Spaziergang vom Dorfzentrum aus gefällig? Vom Rathausplatz grüßen die barocken Zwillingstürme der Gleifkirche von der gleichnamigen Anhöhe den Besucher, sie scheinen den Ortsteil St. Michael zu bewachen, ein breiter, nur wenig steiler Weg führt dorthin. Die Kirche befindet sich am Ende eines Kreuzwegs, an dem gemauerte Stationen stehen. Das helle, farbenfrohe Gotteshaus in einmaliger Lage ist eine beliebte Hochzeitskirche. Die Wegweiser führen vom Rathausplatz zur Sporthalle am westlichen Ortsrand und nun in gemächlichen Kurven bergan zur Kirche, von der sich ein überwältigender Ausblick über den Bozner Talkessel bis zu den Dolomiten eröffnet.

30 min (Hinweg) 1,3 km 138 Hm

Zurück auf der Weinstraße, fahren wir in Richtung Kaltern, nach dem Ortsende von Eppan verlassen wir an einer Kreuzung die Weinstraße und biegen rechts ab. Durch Weinberge führt die Mendelpassstraße in vielen Kurven in die Höhe, die Straße taucht in Laubmischwald ein. Nach 4,8 km, bei einer Straßenkreuzung mit einem Gasthaus und großem Parkplatz P, es heißt bezeichnenderweise „Kalterer Höhe“, verlassen wir die Mendelstraße und fahren auf der LS 15, mit bester Aussicht über das Überetsch, den Kalterer See und das Etschtal nach Kaltern und parken am Rottenburgplatz P.

Kaltern

In wenigen Minuten sind wir vom Parkplatz zu Fuß im verkehrsberuhigten Ortskern mit der zentralen Dorfgasse und dem Hauptplatz mit dem bunten Treiben und der prächtigen Pfarrkirche. Übrigens, von der Rückseite der Kirche genießen wir den schönsten Ausblick über das fruchtbare Überetsch. Natürlich ist der Wein einer der Hauptdarsteller in Kaltern, davon zeugt eine Kellereistraße, dort befindet sich auch die größte Kellereigenossenschaft (mit Verkostungsmöglichkeit) Südtirols, weitere 20 private Winzer locken in Kaltern mit Weinproben, Kellerführungen und Weinverkauf. Kein Wunder, dass auch das Südtiroler Weinmuseum in Kaltern angesiedelt ist, dort wird auf vergnügliche Weise die Geschichte und Bedeutung des Weins in Südtirol anhand von zahlreichen Ausstellungsstücken vermittelt. Südtiroler Weinmuseum, Goldgasse 1, Tel. 0471 963168
Sollten Sie eines der vielen Restaurants besuchen, fragen Sie nach dem „Plent", der Polenta, der Maisbrei hat es auf die Speisekarten der Restaurants geschafft, einst war er das Volksnahrungsmittel der Bauern schlechthin, sogar der Henkelkessel im Wappen von Kaltern wird als Polentakessel gedeutet. Mehr über Kaltern: Tel. 0471 963169, www.kaltern.com

Von Kaltern fahren wir über die Europastraße zum südwestlichen Ortsrand, zur Sportzone und von dort durch herrlichen Laubmischwald nach **Altenburg**, einem kleinen Dörfchen, das auf einer Geländeterrasse auf rund 600 m über dem See thront. Beim Gasthof Altenburger Hof, nahe der Kirche, parken wir P.

Altenburg

Versäumen Sie nicht den fantastischen Seeblick! Unmittelbar südlich der aus dem 14. Jh. stammenden Vigilius-Kirche von Altenburg bietet eine Wiesenkuppe einen herrlichen Ausblick auf den 400 m tiefer liegenden Kalterer See. Noch etwas tiefer, auf einem etwas holprigen, gut gesicherten Steig durch einen felsdurchsetzten Hang und zuletzt über eine moderne Stahl-Hängebrücke in 15 min zu erreichen, befindet sich die Ruine eines der ältesten Sakralbauten Südtirols, der St.-Peter-Kirche aus dem 6. Jh. In den Felsen rundum sind Schalensteine mit ihren geheimnisvollen Vertiefungen zu entdecken sowie eine Felsengrube, möglicherweise eine archaische Grabstätte.

Von Altenburg fahren wir nach Kaltern zurück, nehmen dort die breite Weinstraße, die den Ort umfährt, und kehren dann nach Bozen zurück.

Nals
Nalles
Terlan
Terlano
Jenesien
S. Genesio
Andrian
Andriano
Gaid
Gaido
Rumsein
Oberglaning
Cologna di sopra
Siebeneich
Settequerce
Glaning
Cologna
Guntschna
Guncina
M. Himmelfahrt
l'Assunta
Schl. Runkelstein
Cast. Roncolo
BOLZANO
BOZEN
Unterrain
Riva di Sotto
Moritzing
S. Maurizio
Schl. Hocheppan
Cast. d'Appiano
Missian
Missiano
St. Pauls
S. Paolo
Schl. Korb
Cast. Corba
Sigmundskron
Cast. Firmiano
Kardaun
Cardano
Haslach
Aslago
Girlan
Cornaiano
Eppan
Appiano
Bolzen S.
Bolzano Sud
Kohlern
Colle
Seit
La Costa
Schl. Moos
Schl. Gandegg
St. Michael
S. Michele
St. Jakob
S. Giacomo
Penegal
1737
Schl. Matschatsch
Cast. Masaccio
Ober
di sopra
Planitzing-
Pianizza-
Montigglerseen
L. di Monticolo
Steinmannwald
Pineta
St. Nikolaus
S. Nicolò
Unter
di sotto
Montggl
Monticolo
Leifers
Laives
St. Anton
Kaltern
Caldaro
Pfatten
Vadena
Branzoll
Bronzolo
Petersberg
Monte S. Pietro
St. Leonhard
S. Leonardo
Rain
Schloss
Ringberg
Kalterersee
L. di Caldaro
F. Adige Etsch
Klauser
Convento
Winkl
Altenburg
Castelvecchio
Leuchtenburg
St. Josef a. S.
Fonsatti
Aldein
Aldino
Söll
Sella
Bletterbach
Rio delle Foglie
Auer
Ora
Ober-
di sopra
St. Jakob
S. Giacomo
Tramin
Termeno
Holen
Olmi
Neumarkt-Auer
Egna-Ora
S. Valentino
Cast. d'Enna
Unter-
di sotto
Graun
Corona
Montan
Montagna
Kaltenbrunn
Fontanefredde
Kurtatsch
Cortaccia
Vill
Villa
Pinzon
Pinzano
Truden
Trodena
Glen
Gleno
S. Lugano
Breitbach
Rio Largo
Neumarkt
Egna
Gschnon
Casignano
Naturpark Trudner Horn
Parco Naturale M. Corno
Aguai
St. Florian
S. Floriano
Trudner Horn
M. Corno
Altrei
Anterivo
Laag
Predaia
TABACC

15 | Rundfahrt im Süden Südtirols

Bozen → Neumarkt → Montan → Truden → Auer

Im Süden Südtirols liegt im breiten Trogtal der Etsch das sonnenverwöhnte Unterland, eine üppige Wein- und Obstlandschaft. Von den stattlichen Hauptorten Auer und Neumarkt aus fahren wir an der linkseitigen Talflanke auf den Geländebalkon mit dem Weindorf Montan und weiter bergauf zum Bergdorf Truden, das sich hinter einem bewaldeten Bergbuckel versteckt und im Naturpark Trudner Horn liegt. Gute Straßen verbinden die Ortschaften und ermöglichen eine abwechslungsreiche und entspannte Tour.

Wir fahren in Bozen-Süd auf die Autobahn auf, im Talgrund begleiten uns ausgedehnte Apfelanlagen und zur Rechten die beeindruckenden braunroten Porphyrfelswände des Mitterbergs. In Auer-Neumarkt verlassen wir die Autobahn und fahren auf der Staatsstraße noch kurz bis zur Einfahrt ins Dorf **Neumarkt**, wo wir im Süden, am Nikolausring, parken P.

Neumarkt

Vom Parkplatz gelangen wir durch eine Passage über architektonisch interessante Innenhöfe in den alten Dorfkern. Neumarkt, am linken Etschufer gelegen, ist mit knapp 5.000 Einwohnern die wichtigste Ortschaft des Unterlands und Geschäfts-, Schul- und Verwaltungsort. Seinen stadtähnlichen Charakter verdankt es den historischen Gassen, Laubengängen und stattlichen Bürgerhäusern. Im Mittelalter wurde Neumarkt durch die Schifffahrt auf der Etsch wohlhabend, vom Flusshafen starteten die Holztransporte für die Städte im Nordosten des damaligen Italien. Aus dem Süden und von Venedig kamen per Schiff Waren, die hier zwischengelagert und dann auf Wagen über die Alpen in den Norden transportiert wurden. Das große Ballhaus in der Laubengasse erinnert daran, hier wurde nicht getanzt, sondern die Warenballen ein- und umgelagert! Unter den Lauben finden wir beim Dorfbummel viele schöne Geschäfte, Cafés und Gasthäuser.

Wir bleiben auf der alten Staatsstraße, die jetzt Rathausring heißt, und fahren nordwärts aus Neumarkt hinaus bis zum großen Gebäude des Zivilschutzes und der Feuerwehr, hier biegen wir rechts auf die Cavalesestraße ab (Schilder „Mazon", „Montan"). Durch schönste Weinberge, es sind beste Blauburgunderlagen, erreichen wir **Montan**.

Was wäre ein Ausflug ins Weingebiet ohne den Besuch eines guten Winzers? Kurz vor Montan liegt an der Straße das Weingut von **Franz Haas**, einem der Pioniere des Südtiroler Qualitätsweinbaus. Er ist unermüdlicher Promotor des Blauburgunders, der hier seit Generationen heimisch ist und höchste Qualitäten liefert. Unverwechselbar sind die vom Künstler Riccardo Schweizer designten Etiketten. Weingut Franz Haas, Villner Straße 6, Montan, Tel. 0471 812280, www.franz-haas.it

UNTERWEGS AUF DER ALTEN BAHNTRASSE

Auf der Strecke von Auer nach Predazzo im Fleimstal verkehrte bis 1963 eine Schmalspurbahn. Ihre Glanzzeit war im Ersten Weltkrieg, Truppen und Kriegsmaterial wurden an die nahe Dolomitenfront transportiert, wo sich Österreicher und Italiener bekriegten. Die aufgelassene Trasse ist heute ein angenehmer Spazier- und Radweg. Der Bahnsteig von Montan zum riesigen Viadukt beim Buschenschank Planitzer (gemütliche Einkehr, Glen 25, Montan, Tel. 0471 819407, www.planitzer.it) ist besonders lohnend und reizvoll. Start ist am südwestlichen Dorfrand von Montan, am alten Bahnhof P.

35 min (Hinweg) 1,8 km 80 Hm

Gasthof zur Rose: Gäbe es nicht das schön geschmiedete Wirtshausschild mit der goldenen Rose, wäre das Gasthaus am Kirchplatz von Montan als solches gar nicht zu erkennen. Die Gaststuben liegen im ersten Obergeschoss, wie es einst üblich war. Das jahrhundertealte Haus wurde schonend renoviert und zeigt alte Gewölbe, steingefasste Tor- und Fensterlaibungen, die Küche bietet herzhafte Tiroler Kost mit leicht italienischem Einschlag und selbstverständlich gute lokale Weine. Kirchplatz 17, Montan, Tel. 0471 819564, www.gasthausrose.it, Sa. Ruhetag, P am Kirchplatz

Nun geht es nach Truden, dazu biegen wir am Kirchplatz in Montan in die Glener Straße ein und folgen den Schildern „Glen", „Truden" durch die etwas enge, von behäbigen historischen Weinhöfen flankierte Dorfgasse. Durch herrliche Weingärten und später Laubmischwald führt die schmale Straße durch das Mühlental bergauf bis ins Dörfchen **Truden**, das auf 1.200 m am Berghang liegt.

Naturpark Trudner Horn

Er protzt nicht mit spektakulären Gipfeln oder Gletschern, aber nirgendwo in Südtirol sind Fauna und Flora vielfältiger als im Naturpark Trudner Horn. Zu entdecken gäbe es das auf einem gut ausgebauten Wanderwegenetz durch artenreiche Moorlandschaften, Lärchenwiesen und Wälder, wir begnügen uns mit einem Besuch des Naturparkhauses: Dort werden die besonderen Lebensgemeinschaften des Naturparks vorgestellt, unter Glas lässt sich das emsige Treiben eines Ameisenstaats beobachten. Sehenswert ist auch das Gebäude: eine dreistöckige voll funktionsfähige Elevatormühle. Naturparkhaus und Infostelle Trudner Horn, Am Kofl 2, Truden, Tel. 0471 869247, www.provinz.bz.it (Suchwort: Naturpark Trudner Horn), Eintritt frei, P

In Truden wendet sich unsere Tour, wir schlagen die Rückfahrt ein und fahren dazu über den Sattel von Truden abwärts zum Anschluss an die Dolomitenstraße (SS 48) bei **Kaltenbrunn**. Sie ist gut ausgebaut, in weiten Kurven führt sie mit tollem Ausblick ins Etschtal zurück, bei **Auer** sind wir wieder im Talboden angelangt.

Auer

Das Dorf Auer (3.500 Einwohner) liegt östlich der Etsch, in einer Geländebucht, auf einem flachen Schwemmkegel des Schwarzenbachs. Dieser war bei Unwettern immer wieder eine Bedrohung für den Ort, sein Wasser und das mitgeführte Geröll haben Auer mehrmals überschwemmt. Wer durch die Dorfgassen im historischen oberen Ortsteil mit den stattlichen Weinhöfen und Bürgerhäusern bummelt, wird die starken Schutzmauern, die den Bach sowie die Gehöfte, Häuser und Wege säumen, bemerken. Die sehenswerte Kirche St. Peter (bereits im 12. Jh. urkundlich erwähnt) mit romanischen und gotischen Stilelementen, etwas abseits am südlichen Dorfeingang, liegt mehrere Meter tiefer als das umliegende Gelände, das in Jahrhunderten durch Vermurungen aufgeschüttet wurde. Seit die Schnellstraße und die Zufahrt ins Fleims- und Fassatal nicht mehr durch den Ort führt, ist Auer etwas ruhiger, beschaulicher und fußgängerfreundlicher geworden.

In Auer fahren wir auf die Brennerstaatsstraße 12 auf, bis Bozen sind es nur mehr 21 km.

16 | Nach Deutschnofen und Aldein

Bozen → Deutschnofen → Petersberg → Maria Weißenstein → Aldein → Auer → Bozen

Reine Fahrzeit 1 h 52 min, 87 km

Die Landeshauptstadt Bozen ist Ausgangspunkt für diese kurze Rundfahrt, sie führt auf ein sonniges Hochplateau, durch eine wunderbare Berglandschaft mit üppigen Wäldern, zu weiten Almen und malerischen Dörfern zu Füßen der Dolomiten. Für Naturliebhaber ist der Besuch eines Cañons ein Highlight; Geist und Seele finden Ruhe in Maria Weißenstein, dem berühmtesten Wallfahrtsort Südtirols. Darüber hinaus sind die Fahrt durch die Porphyrschlucht des Eggentals und die Panoramastrecke bei der Abfahrt ins weite Etschtal ohne Zweifel ein besonderes Erlebnis.

Auf der SS 12 geht es nordostwärts aus Bozen hinaus, nach **Kardaun**, am Kreisverkehr bei der Handwerkerzone fahren wir in den Tunnel Richtung Eggental bis **Birchabruck**. Die einst schmale und

BOLZANO
BOZEN
Leifers
Laives
Deutschnofen
Nova Ponente
Petersberg
Monte S. Pietro
Weissenstein
Pietralba
Aldein
Aldino
Auer
Ora
Branzoll
Bronzolo
Montan
Montagna
Truden
Trodena
Radein
Redagno
Weisshorn
Corno Bianco
Schwarzhorn
Corno Nero
Karneid
Cornedo
Eggental
Val d'Ega
F. Adige Etsch
Bletterbach
Rio delle Foglie
TABACCO

bei Autofahrern gefürchtete Straße durch die Felsenschlucht hat ihren Schrecken verloren, leider, wie viele Cabrio- und Motorradfahrer behaupten. An der Wegteilung in Birchabruck bleiben wir rechts, im engen, waldigen Tal geht es bergauf, bei der nächsten Straßengabelung biegen wir wieder rechts ab, verlassen den Talgrund und gelangen auf eine Hochfläche. Durch Wiesen, mit schönstem Dolomitenblick zum Rosengartenmassiv, geht es auf **Deutschnofen** zu.

Deutschnofen

Die Hochfläche unter Latemar und Weißhorn ist sozusagen die Dachterrasse des Reggelbergs und Unterlands, Deutschnofen ist dabei die größte Gemeinde. Neben weit übers Gelände verstreuten Bauernhöfen, oft kleinen Königreichen, finden Sie einen belebten Ortskern mit Geschäften, Restaurants und Hotels, die sich um die große Ortskirche scharen. Im Schloss Thurn im Dorfzentrum sind Reste eines romanischen Wohnturms aus dem 13. Jh. verbaut, es war einst Gerichtsgebäude und ist jetzt Sitz der Gemeinde und des Gebietsmuseums mit einer bedeutenden Antikensammlung.

ST. HELENA

Mit dem Ausdruck „magischer Ort“ sollte man sparsam umgehen, aber die St.-Helena-Kirche ist ein solcher. Südöstlich von Deutschnofen, hinter Baumwipfeln versteckt, liegt auf einem Hügel das kunsthistorisch bedeutende Kirchlein. Um den Hügel herum verläuft ein Rundweg, der zu Recht den Namen „Panoramaweg“ verdient. Die Einkehr beim Kreuzhof ist ein Erlebnis für Freunde guter Hausmannskost, während das Kirchlein ein Leckerbissen für kunsthistorisch Interessierte ist. Der Sage nach steht die Kirche auf einem Silberschatz, in der Umgebung wurde laut Überlieferung Erz abgebaut. Weil die Mutter des römischen Kaisers im Heiligen Land nach dem Kreuz Jesu graben ließ und Reste davon gefunden wurden, wird sie als Patronin der Bergleute verehrt, so wurde ihr das im 12./13. Jh. erbaute Hügelkirchlein gewidmet. Die bestens erhaltenen Fresken sind aus dem frühen 15. Jh. Die Kirche ist meist geöffnet, den Schlüssel verwahrt der Kreuzhof, Bauernhof mit Jausenstation. Schwarzenbach 7, Deutschnofen, Tel. 0471 610171. Ca. 1 km vor der Dorfeinfahrt von Deutschnofen, an der LS 72, gegenüber vom Hotel Pfösl, zweigt die Schwarzenbachstraße ab, hier finden wir die Wegweiser zum St.-Helena-Kirchlein. Wenige Parkplätze hinter der nahen Bushaltestelle P.

20 min (Hinweg) 1,2 km geringe Steigung

Von Deutschnofen geht die Fahrt weiter bis Petersberg, dort führt eine Stichstraße nach **Maria Weißenstein**.

Maria Weißenstein

Maria Weißenstein ist sicher der meistbesuchte Wallfahrtsort Südtirols und weit über die Landesgrenzen hinaus bekannt. Früher pilgerten die Gläubigen zu Fuß zur Kirche, wallfahren ist auch eine Seelenreise – ohne Mühe finden wir am Ziel keine Befriedigung. Heute kürzt mancher die Pilgerstrecke mit dem Auto ab; Papst Johannes Paul II., der vor Jahren Maria Weißenstein besuchte, flog gar mit dem Hubschrauber ein. Der türmegekrönte barocke Herbergs-, Kloster- und Kirchenkomplex von Maria Weißenstein liegt dominierend auf einer 1.524 m hohen Anhöhe – eine gekonnte Inszenierung der Institution Kirche. In der prachtvoll mit Fresken ausgestatteten Kirche und im Vorraum erzählen unzählige Votivtafeln von wundersamen Heilungen und Rettungen durch die Gnadenmutter Maria.

Von Maria Weißenstein geht es zurück nach Petersberg, von da zieht sich die Straße über die Hochfläche durch Wald und Wiesen nach Aldein hin, kurz vor dem Dorf biegen wir links zur Bletterbachschlucht ab.

Bletterbachschlucht

Von Urmeeren, Vulkanausbrüchen und Tieren, die vor Jahrmillionen lebten, erzählt die Bletterbachschlucht, ein Cañon am Weißhorn. Der Bletterbach hat in Tausenden von Jahren ein tiefes Tal in die Flanke

des Weißhorns gegraben, alle Gesteinsschichten durchschnitten und freigelegt. So lässt sich die Erdgeschichte wie in einem offenen Buch nachverfolgen. Ein Lehrpfad führt die Interessierten in die geologischen Geheimnisse der Gegend ein. Infos gibt's im Besucherzentrum Geoparc – interaktiv, multimedial und spannend, dazu wird mit Schaustücken, Versteinerungen und Modellen eine Zeitreise über Millionen Jahre dokumentiert. Zugang zur Schlucht nur mit Helm und Ticket, das den Eintritt ins Besucherzentrum und einen Leihhelm beinhaltet. Wer es einfach möchte: Ein kurzer Wanderweg führt vom Besucherparkplatz zum Rand der Schlucht und gewährt Einblick in die Tiefe. Beschilderte Abfahrt von der LS 72, kurz vor Aldein, bei der Pizzeria Waldrast. 4 km zum Besucherzentrum. Tel. 0471 886946, www.bletterbach.info, P

Lahneralm: Gemütliche Alm auf 1.538 m, in wenigen Minuten zu Fuß ab dem Besucherzentrum erreichbar, regionale Küche, große Wiese. Lerch 39, Aldein, Tel. 0471 886778
Gasthof Krone: Das typische Dorfgasthaus liegt am Dorfplatz von Aldein, hat historische Wurzeln, die bis ins 15. Jh. zurückreichen, dazu modernen Komfort und exzellente Küche. Dorfplatz 3, Aldein, Tel. 0471 886825, www. gasthof-krone.it

Zurück von der Bletterbachschlucht, fahren wir an Aldein vorbei, jetzt senkt sich die Straße zuerst durch Wald und später durch Apfelanlagen dem Etschtal zu, eine kühne Brücke spannt sich über die schaurig tiefe Schwarzenbachschlucht, wenig später mündet sie in die SS 48. Sie ist gut ausgebaut, in weiten Kurven führt sie mit tollem Ausblick ins Etschtal bergab (siehe auch Tour Seite 97), bei Auer sind wir wieder im Talboden angelangt und fahren auf die Brennerstaatsstraße 12 auf, bis Bozen sind es nur mehr 21 km.

17 | Von Bozen auf den Ritten

Bozen → Unterinn → Oberbozen → Klobenstein → Lengmoos → Maria Saal → Lengstein → Barbian → Kollmann → Bozen

Reine Fahrzeit 1 h 30 min, 67 km

Machen wir es wie die Bozner: Ist es denen im Talkessel zu heiß, ziehen sie sich in die Sommerfrische auf ihren Hausberg zurück. Knapp 1.000 m über der Stadt ist es nicht nur spürbar kühler, die ausgedehnten Wiesen und Wälder rund um die Orte Oberbozen und Klobenstein sind auch ein ideales Wander- und Flaniergebiet. Als Draufgabe gibt es einen tollen Dolomitenblick, ein einmaliges Naturdenkmal wie die Erdpyramiden, kunsthistorische Leckerbissen und eine wunderbare, gut ausgebaute Panoramastraße, die vom Bozner Talkessel aus durch Weinberge und Wiesen und Wälder in die Höhe klettert. Da wollen wir hin!

Wir verlassen die Bozner Altstadt nordostwärts über die Rittner und die Brennerstraße. Bei Rentsch, dem östlichen Stadtteil, biegen wir links in die Panoramastraße auf den Ritten ab. In vielen Kurven und Serpentinen geht es durch Weinberge, am Kirchlein und den Weinhöfen von St. Justina vorbei, hier wächst der berühmte, trinkige rote St. Magdalener. Nach 11 km Fahrt taucht zur Rechten **Unterinn**, auf, auf einem Hochplateau mit Apfelplantagen schaut es direkt übers Eisacktal zum mächtigen Schlern. Kurz vor Ortsende biegen wir rechts ab und folgen den Schildern zur Firma Loacker.

Die süße Versuchung: In Unterinn hat die Firma **Loacker**, einer der weltweiten Big Player der Süßwarenbranche, ihren Stammsitz, die Werksverkaufsstelle ist ein Eldorado für Leckermäuler. Verkaufshit sind die Haselnusswaffeln, auf der Packung ist der Schlern abgebildet, der direkt gegenüber den Betriebshallen liegt. Infos und Öffnungszeiten: www.loacker.com

Zurück auf der Rittner Straße, biegen wir nach 1,5 km links nach **Oberbozen** ab, es geht an einem kleinen See, dem Wolfsgrubener See, vorbei ins Dorf, das, wie schon der Name sagt, oberhalb von Bozen auf der südlichsten Kante des Rittens liegt.

Oberbozen

Im Zentrum des Dorfs finden wir die Bergstation der modernen Seilschwebebahn, direkt daneben den Bahnhof der Schmalspurbahn und das Infobüro des Verkehrsvereins, wo wir uns über den Fahrplan der Bahn erkundigen. Unser Einkehrtipp für eine kleine Pause oder einen stilvollen Brunch: das Gloriette Guesthouse, wenige Schritte westlich gelegen, von der Terrasse genießen Sie einen wunderbaren Ausblick, die Küche im „Ristorantino" ist hervorragend. Dorfstraße 15, Oberbozen, Tel. 0471 345423, www.gloriette-guesthouse.com, P

NACH MARIA HIMMELFAHRT

Diese kurze Wanderung geht von Oberbozen nach Himmelfahrt. Schon im 16. Jh. wählten sich betuchte Bozner Adels- und Handelsfamilien den Ritten zur Sommerfrische. Am Weg zum Weiler Himmelfahrt kommen wir an neuen und alten Sommerresidenzen vorbei, teils luxuriös und anspruchsvoll, teils etwas in die Jahre gekommen. Diese Feriendomizile mit ihren parkähnlichen Gärten und das barocke Kirchlein zur Maria Himmelfahrt zeugen von standesgemäßem religiösen und sozialen Auftritt der „guten Gesellschaft". Vom Dorfweg in Oberbozen gehen wir auf dem gekiesten Fußweg Nr. 35 zwischen den Villen und später auf Weg Nr. 2 nach Himmelfahrt. Dort Einkehrmöglichkeit beim Gasthof Schluff. Maria-Himmelfahrt-Weg, 2, Oberbozen, Tel. 0471 345276, gasthof-schluff.com

20 min (Hinweg) 1,3 km keine Anstiege. Rückfahrt nach Oberbozen mit der Schmalspurbahn

Von Oberbozen geht es nun wieder zurück auf die Rittner Straße, unser nächstes Ziel ist **Klobenstein.**

Klobenstein und der Deutsche Orden

Klobenstein ist der Hauptort des Rittens, Gemeinde- und Verwaltungssitz. Im Ort finden sich gute Tourismuseinrichtungen, darunter auch das Flaggschiff Hotel Post Bemelmans, in dem Freud logierte und wo heute sein Lesezimmer, die Freud-Veranda, für Gäste zugänglich ist (www.bemelmans.com). Am nordöstlichen Ortsausgang führt die Straße durch die markante Engstelle bei **Lengmoos.** Hier – einst hieß dieser Sattel Ulrichspass – liegt die Kommende (Niederlassung) des Deutschen Ordens an der alten Kaiserstraße. Der Osthang des Rittens senkt sich ab da in mehreren Terrassen stufenförmig zum

Eisacktal hin ab. Bis ins hohe Mittelalter führte der gesamte Nord-Süd-Verkehr vom Brenner nach Italien nicht durch die enge und unpassierbare Eisackschlucht, sondern über den beschwerlichen Umweg über den Ritten und den Ulrichspass. Unzählige Kaiser zogen hier auf diesem Weg, eben der Kaiserstraße, zur Krönung durch den Papst in Rom vorbei. Hier errichtete der Deutsche Orden an der damals stark frequentierten Route eine Kommende mit Kirche und Einrichtungen zur Versorgung und Beherbergung. Kirche und Kommende können besichtigt werden. Info: Tel. 0471 356100, www.ritten.com, P

Bei Klobenstein liegt auf einer sonnigen Anhöhe mitten in Wiesen, am Waldrand, der Gutshof **Hotel Ansitz Kematen**. Herrenhaus, Scheune und Kirchlein bilden ein wunderbares Ensemble. Gepflegt essen und trinken mit Dolomitenblick ist hier echter Genuss! Kemater Straße 29, Klobenstein, Tel. 0471 356148, www.kematen.it, P

Der Ritten und der Fremdenverkehr

Bereits vor über hundert Jahren wurde eine Zahnrad- und auf der Höhe als Anschluss daran eine Schienenbahn gebaut, die die Landeshauptstadt mit dem Hochplateau verband und den Fremdenverkehr einläutete. So verbrachte einst Sigmund Freud auf dem Ritten seinen Urlaub und feierte dann seine Silberhochzeit hier, schrieb an seinen Werken und schwärmte von diesem Feriendomizil. In jüngerer Zeit hält sich Deutschlands Bundespräsident Frank-Walter Steinmeier in seinen Sommerferien oft am Ritten auf, diskret und kaum beachtet. Während die Zahnradbahn längst durch eine moderne Kabinenumlaufbahn ersetzt wurde, zuckelt in der Höhe das Bähnchen zur Freude der Wanderer und Urlauber immer noch durch Wiesen und Wälder.

Kurz nach Klobenstein erreichen wir die wenigen Häuser von **Lengmoos,** am Ortsausgang zur Linken Parkplätze P.

ZU DEN ERDPYRAMIDEN

In Lengmoos beginnt der Spazierweg zu den **Erdpyramiden**: Regen, Wind, Frost und Schmelzwasser haben in jahrelanger Erosion die bis zu 20 m hohen lehmigen Säulen aus dem Moränenschutt der Eiszeitgletscher herausgewaschen. Von der Kirche in Lengmoos wandern wir am Gehsteig in 10 min bis zum Café Erdpyramiden (nette Einkehr, gute Kuchen), hier beginnt eine Promenade, begnügen Sie sich nicht mit den ersten Blicken zu den Pyramiden, gehen sie die 10 min bis zur Aussichtsplattform weiter, es lohnt sich!

15 min (Hinweg) 1 km keine nennenswerten Anstiege

Unser nächstes Etappenziel auf dem Weg hinunter ins Tal ist **Maria Saal**, ein Wallfahrtskirchlein wenige Kilometer nach dem Tal mit den Erdpyramiden.

Maria Saal

Kurz nach Lengmoos liegt in prächtiger Aussichtsposition das Wallfahrtskirchlein **Maria Saal.** Bauern aus der Umgebung baten seit alters her hier vor der Gottesmutter um Regen für ihre Wiesen und Äcker. Außen unscheinbar, ist die Kirche innen reich ausgestattet. Viele, zum Teil rührende Votivbilder zeugen von der großen Verehrung der Muttergottes. Kurios das Fresko der Regenschirmmadonna auf dem Triumphbogen. Der Brixner Künstler Alexander Dejaco nahm den Beginn des ältesten bekannten Mariengebets (3. Jh.), „Unter deinen Schutz und Schirm fliehen wir, o heilige Gottesgebärerin", wörtlich und malte 1924 die Madonna mit Kind unter einem aufgespannten Regenschirm. P

Gasthaus Maria Saal: Wie es sich gehört, liegt neben der Wallfahrtskirche ein (gleichnamiges) Gasthaus, denn neben dem geistlichen soll ja auch das leibliche Wohl nicht zu kurz kommen. Das Restaurant ist bei Passanten und Pilgern gleichermaßen beliebt, neben der vorzüglichen Küche überzeugt die tolle Aussicht von der Terrasse. Maria Saal 1, Mittelberg-Ritten, Tel. 0471 356351, Fr. Ruhetag

Nach Maria Saal senkt sich die Straße, geht an Mittelberg vorbei, wo sich wenige Häuser um die Kirche mit dem roten Zwiebelturm scharen. Das nächste Dörfchen ist **Lengstein**, in alten Zeiten eine obligate Raststelle an der Kaiserstraße, der altehrwürdige Fuhrmannsgasthof Schwaiger zeugt davon. Hangquerend geht die Straße, etwas schmaler als bisher, durch Wald und Wiesen bis ins Dorf **Barbian** (800 m), ab Lengmoos 11,5 km.

Der schiefe Turm

Vom Dorfplatz aus ist es gut zu sehen: Jener von Pisa ist zwar berühmter, der Kirchturm von Barbian ist aber nicht weniger schief, bei genauerer Betrachtung ist er richtig krumm. Mit einer Höhe von 38 m ist er über 1,5 m aus dem Lot! Im 19 Jh. wurde die Kirche erneuert, zu einem neuen Kirchturm konnten sich die Bürger nicht entschließen, nur die gotische Turmhaube wurde etwas aufgebogen. P

Haben Sie an Feld und Wegrändern die vielen Zwetschgenbäume gesehen? Auch dafür ist Barbian bekannt. Es wird daraus nicht nur Marmelade gekocht, mancher Bauer destilliert sie heimlich zu Schnaps, im Volksmund **Barbianer Whisky** genannt, fragen Sie in den Wirtshäusern diskret nach einer Kostprobe – natürlich nur für den Beifahrer!

Von Barbian geht die Straße zügig in den Talgrund des Eisacktals hinab, bei **Waidbruck** fädeln wir in die Staatsstraße in Richtung Bozen ein.

Trostburg

Oberhalb des Dorfs Waidbruck, am Eingang zum Grödnertal, liegt die imposante Trostburg, eine der schönsten und besterhaltenen Wehrburgen Südtirols. Hier lebten einst die Grafen von Wolkenstein. Sie waren vom gleichnamigen Dörfchen in Gröden, wo ihr Stammschloss (mittlerweile eine Ruine) wie ein Adlerhorst wildromantisch am Eingang zum Langental klebt, ins klimatisch günstigere und wirtschaftlich wichtigere Eisacktal gezogen. Die Trostburg kann als Museumsschloss besichtigt werden, sie ist nur zu Fuß in etwa 20–35 min erreichbar. Info: Tel. 0471 654401, www.burgeninstitut.com

Stauwehr

Eine Stauwehr leitet das Wasser des Eisacks bei Waidbruck in einen unterirdischen Stollen, es fließt von hier bis nach Kardaun bei Bozen, wo es die Turbinen eins Großkraftwerks antreibt, siehe dazu Seite 115.

Von Waidbruck geht es in südlicher Richtung, der Staatsstraße entlang, nach **Kollmann**.

Friedburg

Bei den Häusern von Kollmann fällt das rechteckige, zinnengekrönte, rot-weiß bemalte Gebäude der **Friedburg** auf. Sie wurde 1483 vom Tiroler Herzog Sigismund als Zoll- und Mauthaus erbaut, die Straße führte durch die wappengeschmückten Tore des Hauses. Hier war der Anfang des ehemaligen Kunterswegs, der die Verbindung zwischen Brixen und Bozen deutlich verbesserte, der Saumweg durch die enge Eisackschlucht wurde im frühen Mittelalter verbreitert, sodass auch Wagen passieren konnten, der beschwerliche Umweg über den Ritten war nicht mehr nötig.

Von Kollmann sind es auf der gut ausgebauten SS 12 noch rund 22 km bis nach **Bozen**. Südlich von **Blumau** verengt sich das Tal nochmals zu einer fast unpassierbaren Schlucht, in der Autobahn und Staatsstraße kaum Platz finden, die Eisenbahn wurde schon vor Jahren in den Berg verlegt. Die alte Bahntrasse wurde zu einem beliebten Radweg umfunktioniert, ein viel befahrener alpenquerender Fernradweg verläuft darauf.

18 | Über den Karerpass

Bozen → Welschnofen → Karersee → Karerpass → Nigerpass → Tiers → Bozen

Reine Fahrzeit 1 h 40 min, 70 km

Die Landschaft unter dem Rosengarten ist eine der schönsten in Südtirol: steile Felsen, sanfte Almen, Wälder und eine atemberaubende Aussicht. Kaum sonst wo sind die Dolomiten leichter erreichbar und so hautnah zu erleben. Wir durchfahren verschiedene Klimazonen, vom submediterranen Bozen sind wir rasch im alpinen Gelände, ein Abstecher mit der Gondelbahn bringt uns sogar unmittelbar an die Felswände des Rosengartens. Unterwegs besuchen wir ein Naturparkhaus, entdecken einen der schönsten Bergseen der Dolomiten, bestaunen gotische Fresken und kehren in urigen Almwirtschaften oder feinen Restaurants ein. Als Zugabe gibt's, falls gewünscht, einen kurzen Spaziergang.

Wir beginnen unsere Tour in Bozen, fahren in östlicher Richtung zur Stadt hinaus, an mit Weinreben überzogenen Hängen geht die Straße nach **Kardaun**.

Das Kraftwerk Kardaun

Bei Kardaun zeigen sich die großen Röhren eines Wasserkraftwerks, das Wasser des Eisacks wird an seinem Oberlauf gestaut, fließt 15 km durch den Berg und treibt hier die Turbinen eines Kraftwerks an. Bei seiner Inbetriebnahme war es Europas größtes Wasserkraftwerk. Das Werk bestreitet mit den jährlich erzeugten 620 Millionen kWh Strom etwas mehr als 10 % der Südtiroler Wasserkraftproduktion.

Wir bleiben auf der Staatsstraße 12, der Hauptachse zum Brenner. An der Autobahneinfahrt Bozen-Nord vorbei fahren wir nach **Blumau**. Dort biegen wir in einem Tunnel links auf die LS 24 ab und folgen den Straßenschildern „Völs, Tiers, Kastelruth". Es geht nun in vielen Kurven in die Höhe, bei einer Straßengabelung biegen wir in Richtung Tiers rechts ab. Beim Örtchen **Völser Aicha** haben wir die Höhe erreicht, die Straße führt in einer langen Hangquerung mit herrlichen Ausblicken zum Bozner Talkessel, dem Ritten und dem Mendelgebirge im Westen auf den Rosengarten zu. 2,5 km nach Völser Aicha liegt rechts unter der Straße das St.-Katharina-Kirchlein, ein Muss für jeden Kunstinteressierten.

Das Katharina-Kirchlein in Völser Aicha

Es ist wegen seiner frei zugänglichen, wertvollen gotischen Fresken an der Südfront sehenswert. Sie entstammen der sogenannten „Bozner Schule" um 1400 und zeigen das Leben und die Leidensgeschichte der hl. Katharina, die gerädert und dann enthauptet wurde. Wegen des Radmartyriums verehrten sie die Fuhrleute, das erklärt, warum die Abbildungen außen angebracht wurden, gut sichtbar von der einst viel befahrenen Straße aus. P an der Landesstraße, bei der Abzweigung zur Kirche

Noch weitere 3 km und wir sind im Dorf **Tiers**, das zu Recht den Beinamen „am Rosengarten" trägt. Hinter dem Ort, im Talschluss, ragt der Rosengarten majestätisch in die Höhe. Einen der schönsten Blicke darauf hat man vom St.-Zyprian-Kirchlein aus, das wenige Kilometer nach Tiers an der Straße liegt. Das Bild mit Kirchlein und Rosengarten ist ein beliebtes Fotomotiv und einer der Hotspots der Instagram-Fans. Wir befinden uns bereits im Naturpark Schlern-Rosengarten, beim Zyprian-Kirchlein zweigt die Straße zum Naturparkhaus ab, es ist vom Parkplatz P nur 5 Gehminuten entfernt.

Das Naturparkhaus Schlern-Rosengarten

Die Steger Säge, ein jahrhundertealtes, wassergetriebenes Sägewerk, und das dazugehörende Wohnhäuschen des Sägemüllers – hierzulande nennt man ihn Sagschneider – bilden den Sitz des Naturparkhauses. Es liegt am Eingang des überwältigend schönen Tschamintals. Eine kurze Videoschau, Karten und Bildtafeln erzählen von Flora und Fauna, Land und Leuten, der Geologie des Schlerngebiets und vom kargen Leben des Sagschneiders. Infos: Tel. 0471 642196 oder 0471 642127, www.naturparks.provinz.bz.it

Gleich neben dem Naturparkhaus befindet sich der empfehlenswerte **Gasthof Tschamin Schwaige**. Tel. 0471 642010, www.tschaminschwaige.com

ZUM WUHNLEGER

Wer den Rosengarten in Ruhe erleben will, sollte sich zu Fuß aufmachen und zum Wuhnleger wandern. Hier spiegelt sich das Rosengarten-Massiv in einem kleinen, von Lärchen gesäumten Weiher. Vom Parkplatz P beim Naturparkhaus führt ein breiter Forstweg (Nr. 6, 4A) zum Weiher.

Unsere Fahrt geht ab St. Zyprian weiter auf den **Nigerpass** zu, in vielen Kehren windet sich die Straße in die Höhe zum 1.690 m hoch gelegen Pass, eigentlich ein Übergang, der das Tierser Tal mit dem parallel verlaufenden Eggental verbindet. Der Straßenabschnitt vom Niger- zum Karerpass ist vielleicht der schönste Teil unserer Tour: Die fast ebene Straße verläuft durch Waldstücke und Almwiesen, links türmen sich die Felswände des Rosengartens auf, rechts geht der Blick frei nach Westen, voraus im Blick liegen die Zacken des Latemar.

MIT DER GONDEL HOCH HINAUS

Die Bergbahnen und Sessellifte im Ski- und Wandergebiet Carezza-Karersee sind nicht zu übersehen, sie starten in Welschnofen, am Karerpass und an der Nigerstraße bei der Frommer Alm. Letztere liegt unmittelbar an unserer Route, daher unser Tipp: ein Genuss-Stopp mit traumhaftem Fernblick. Parken, in die Gondel steigen und in wenigen Minuten auf 2.339 m schweben und in der Laurin Lounge neben der Bergstation direkt unter den himmelhohen Felswänden auf der Panoramaterrasse gepflegt speisen! Infos zu den Bergbahnen: 0471 612527, www.carezza.it, Suchwort: Laurins Lounge

Nach unserem Abstecher mit der Gondel geht es weiter in Richtung Karerpass. Direkt auf dieser Strecke zwischen Niger- und Karerpass liegt in herrlicher Aussichtsposition die Tscheinerhütte.

Tscheinerhütte: Das kleine Restaurant bietet fantasievolle, gehobene Küche, gepflegte Weinkarte. Wenige Gedecke, Reservierung angeraten. Nigerstraße 10, Welschnofen, Tel. 0471 612036, zur Ski- und Sommersaison geöffnet, P

ZUR HEINZENALM

Vom Parkplatz P bei der Tscheinerhütte führt der breite bequeme Spazierweg zur urigen Heinzenalm, die auf einer ebenen und blumenübersäten Wiesenterrasse liegt. Nigerstraße, Tel. 320 4908423 oder 0471 613496 (Bauernhof im Tal), www. heinzenhof.com, 20. Juni – 1. Okt. ohne Ruhetag geöffnet

20 min (Hinweg) 1,1 km 80 Hm

Wir fahren weiter und biegen an der Straßenteilung links ab zum wenig höher gelegenen **Karerpass** (1.745 m), um von dort im Osten die Dolomiten des Fassatals zu bestaunen, wenden dann und schlagen die Straße zurück nach Bozen durch das Eggental ein.

König Laurins Rosengarten

Um das Rosengartenmassiv rankt sich eine romantische Sage. Hier lebte einst der Zwergenkönig Laurin in einem Felsenpalast mit einem wunderbaren Garten voller roter Rosen. Laurin raubte seine Angebetete, die schöne Similde. Den Kampf um sie gegen die Ritter Dietrichs von Bern verlor der Zwerg trotz Zaubergürtel und Tarnumhang, denn die Bewegungen der Rosenbüsche, zwischen denen er kämpfte, hatten ihn verraten. Erzürnt verfluchte er seine Rosen, niemand sollte sie je wieder blühen sehen, weder bei Tag noch bei Nacht. Nur die Stunde der Dämmerung hatte Laurin vergessen und somit erstrahlen die Rosen bei Sonnenuntergang doch immer wieder.

Nach dem Abstecher zum Karerpass geht der Rückweg am Golfplatz und dem ehemaligen Grandhotel, das an den Nobeltourismus der Gründerzeit erinnert, vorbei zum berühmten **Karersee**.

Der Karersee

Am Fuße des wild zerklüfteten, wie mit steinernen Sägezähnen bestückten Felskamms des Latemar liegt der romantische Karersee. Die Landschaft zeigt noch die Narben des verheerenden Sturms Vaia vom Herbst 2018, der Millionen Bäume entwurzelte. Nur auf der Schokoladenseite des Sees blieb der Wald verschont. Vom gebührenpflichtigen

Parkplatz P mit Kiosk und Toiletten führt eine Unterführung zur Aussichtsplattform, ein Spazierweg umrundet den kleinen See (ca. 20 min einplanen).

Die Nixe vom Karersee

Der Sage nach verdankt der Karersee sein Farbenspiel dem Hexenmeister von Masarè: Er wollte die schöne Nixe Ondina, die im See lebte und manchmal am Ufer in der Sonne ruhte, mit einer List anlocken und entführen. Dazu spannte er einen prächtigen Regenbogen. Als die neugierige Nixe aus dem Wasser stieg, erkannte sie den lauernden Hexenmeister gerade rechtzeitig und tauchte ab. In seiner Wut zerbrach der Hexenmeister den Regenbogen in tausend Stücke und schleuderte diese in den See. Seit jenem Tag spiegeln sich im Karersee alle Farben des Regenbogens.

Die Straße senkt sich jetzt zügig talwärts, der Dorfkern von **Welschnofen** liegt rechts der Hauptstraße, dort finden wir ein breites Angebot an Geschäften, Hotels und Restaurants.

Hotel Restaurant Pardeller: Traditionshotel mit bekannt guter Küche. Mitgliedsbetrieb im Verbund „Südtirol Gasthaus", eine Garantie für lokale Gerichte bei Verwendung einheimischer Produkte. Romstraße 18, Welschnofen, Tel. 0471 613144, www.pardeller.com, Mo. und Di. Ruhetag, P

Ab Welschnofen verengt sich das Tal, Wald und dunkle Porphyrfelsen begleiten die Straße durch den Talgrund. Die Eggentaler Straße ist Teil der Großen Dolomitenstraße SS 241, wurde 1860 eröffnet und mündet bei **Kardaun** wieder in die Brennerstaatsstraße. Der untere Teil der Straße durch die spektakuläre Felsenschlucht, der bei manchem Autofahrer Angstschweiß auslöste und steinschlaggefährdet war, wurde mittlerweile verbreitert und entschärft, im letzten Talabschnitt verschwindet die Straße in Tunneln, um bei Kardaun wieder in die Brennerstraße und die Route zum Startpunkt zu münden.

19 | Dolomitenrundfahrt über das Sella- und Pordoijoch

Brixen → Klausen → St. Ulrich → Sellajoch → Pordoijoch → St. Martin in Thurn → St. Lorenzen → Brixen

⚠ **Reine Fahrzeit 3 h 10 min, 144 km**

Bei dieser erlebnisreichen Rundfahrt gelangen wir ins Herz der Dolomiten, fahren durch charakteristische Täler, die zwei Tourismushochburgen Gröden und Hochabtei (Alta Badia) sind dabei, es geht über hohe Pässe und unter den Felswänden der Dolomiten entlang. Als Ausgangspunkt wählen wir Brixen, aber Sie können auch an anderen Orten in die Runde einsteigen. Achtung: Zu Stoßzeiten im Hochsommer kann es auf den Straßen ganz schön dicht werden, der frühe Vogel frisst den Wurm oder der frühe Fahrer findet wenig Verkehr! Besonders an Samstagen, wenn in den Hotels Gästewechsel ist, sind die Straßen stark befahren.

Wir starten von Brixen auf der Staatsstraße südwärts, kurz vor Klausen wechseln wir die Talseite, an der Autobahneinfahrt folgen wir den Schildern nach Gröden und St. Ulrich. Die Straße verläuft auf der Trasse einer ehemaligen Bahnstrecke mit gleichmäßiger, geringer Steigung bis zum Hauptort **St. Ulrich**.

Gröden

Einen Ort oder eine Gemeinde Gröden gibt es nicht, so heißt das etwa 30 km lange Tal, das sich vom Eisacktal in Richtung Osten hinzieht, dominiert von einzigartigen Dolomitengipfeln wie dem Sellastock und dem Langkofel, mit grünen Wiesen und einem Band dunkler Wälder. Zu Füßen der traumhaften Bergkulisse liegen die Ortschaften St. Ulrich, St. Christina und Wolkenstein (insgesamt ca. 10.000 Einwohner). Einst war es ein Tal bitterarmer Bergbauern, heute ist neben der Kleinindustrie, dem Handwerk (Holzschnitzerei) und der Landwirtschaft vor allem der Tourismus der bestimmende Wirtschaftsfaktor und Grundlage eines allgemeinen Wohlstands.

Die Grödner Dampfeisenbahn

Bis in die 1960er-Jahre verkehrte auf der Strecke von Klausen nach Gröden eine dampfbetriebene Schmalspur-Eisenbahn. Als 1915 der Erste Weltkrieg ausbrach, wurde eine Versorgungsbahn für die an der nahen Dolomitenfront kämpfenden Truppen erforderlich. Die Bahntrasse wurde in Rekordzeit und unter Einsatz von 6.000 russischen Kriegsgefangenen erbaut. In den 1960er-Jahren erhielt Gröden den Zuschlag zur Austragung der Skiweltmeisterschaft, eine neue Straße musste her! Die in die Jahre gekommene, unwirtschaftliche Bahn wurde kurzerhand stillgelegt, die Trasse schnell angepasst und asphaltiert. Heute weint man der Bahn so manche Träne nach. Eisenbahn-Nostalgiker erfreuen sich an einer ehrwürdigen Dampflok, die am Marktplatz in St. Ulrich steht. Im Nachbardorf St. Christina wurde ein alter Bahntunnel ausgebaut, beleuchtet, zugänglich gemacht und ein hölzerner Bahnhof wiederaufgebaut. Freier Zugang, neben der Dorfkirche.

Im Hauptort des Tals, **St. Ulrich**, legen wir einen Zwischenstopp ein, wir parken an der Talstation der Seiser-Alm-Bahn P.

Dorfspaziergang durch St. Ulrich

Vom Parkplatz ausgehend überqueren wir die Straße auf einer Fußgängerbrücke, sind sofort im verkehrsberuhigten Dorfzentrum und gehen Richtung Kirche. Davor, im Erdgeschoss vom Kongresshaus von St. Ulrich, ist die ständige Musterschau des Grödner Kunsthandwerks untergebracht,

sie nennt sich Art 52 (www.art52.it). Die Schau gibt einen guten Einblick in die aktuelle Produktion in den Bereichen Holzbildhauerei und -schnitzerei und ist frei zugänglich. Hinter der Kirche beginnt ein gekiester Spazierweg, er führt über ein Stück der alten Bahntrasse, am Luis-Trenker-Denkmal vorbei. Bald führen zur Rechten Rolltreppen ins Dorf zurück, über die belebte, zentrale Rezia-Straße mit ihren Geschäften, Bars und Gaststätten gelangen wir zur Fußgängerbrücke und unseren Ausgangspunkt zurück. Reine Gehzeit 30 min.

Luis Tenker

Spätestens seit Luis Trenker ist Gröden der Inbegriff fürs Skifahren und den Bergsport in den Dolomiten. Trenker (1892–1990), Architekt, Filmemacher, Schauspieler, Regisseur, Bergsteiger und Autor von mehr als 20 Romanen und Erzählungen, ist in Gröden omnipräsent und insbesondere älteren Semestern aus Deutschland als Fernsehentertainer bekannt, der unterhaltsam und mitreißend von seinen Heimatbergen erzählen konnte. Jüngere denken bei dem Namen an ein trendiges Label für Country-Mode (www.luistrenker.com).

Von St. Ulrich bis zum Sellajoch führt die Straße weiter ins Grödnertal hinein, an **St. Christina** vorbei. Nach **Wolkenstein**, der letzten der drei Grödner Gemeinden, steigt die Straße an, in vielen Kehren schraubt sie sich in die Höhe, bei einer Wegteilung bleiben wir rechts und folgen den Schildern zum Sellajoch. Rechts steigt der mächtige Langkofel auf, zur Linken kommen wir den senkrechten Wänden der Sellagrupe beeindruckend nahe. Bald sind wir am 2.240 m hohen **Sellajoch** P.

Sellajoch

Vom Sellajoch zeigt sich im Südosten die eisgepanzerte Königin der Dolomiten, die 3.343 m hohe Marmolata, der höchste Dolomitengipfel. Zur Rechten liegt auf einer Bergkuppe, dem Col Rodella, die Bergstation einer Seilbahn, die aus dem Fassatal heraufführt. Im Sommer erscheint der Himmel über dem Tal wie bunt gesprenkelt von den Schirmen der Paraglider, die hier beste Thermik vorfinden.

🍴 **Passo Sella Dolomiti Mountain Resort:** Das große Haus an der Straße unterhalb der Passhöhe, auf Grödner Seite, bietet in modern-rustikalem Ambiente sowohl italienische als auch traditionelle Tiroler Kost. Bei schönem Wetter hat man von der Terrasse einen atemberaubenden Blick zu den nahen Felswänden. Tel. 0471 795136, www.passosella-resort.com, P

Vom Sellajoch unter den Südwänden des Sellastocks senkt sich die Straße jetzt in vielen Kehren bergab, die Almwiesen wechseln mit Latschen- und Zirbelkiefern ab. Kurz nach einer Wiesenlichtung mit zwei Gasthäusern fahren wir an einer Straßengabelung links, das Schild gibt uns bis zum **Pordoijoch**, dem nächsten Stopp, 6 km an. P

Pordoijoch

Das Pordoijoch (2.239 m) verbindet zwei ladinische Täler, das Fassatal im Süden und das Tal von Buchenstein (Fodom) im Nordosten, es markiert auch die Grenze zwischen der Region Trentino-Südtirol und dem Veneto. Mächtige Berge, darunter Lang- und Plattkofel im Nordwesten, der Sellastock (3.152 m am Piz Boè) mit dem Sass Pordoi im Norden sowie die Ausläufer der Marmolata im Osten umgeben das Joch. Zusammen mit dem Sella-, Grödnerjoch und Campolongosattel bildet das Pordoijoch die bei Rad-, Ski- und Motorradfahrern beliebte Vier-Pässe-Runde Sellaronda um den Sellastock. Auf unserer Tour sind wir etwas bescheidener und belassen es bei drei Pässen. Am Joch erinnert ein Bronzedenkmal an eine der Radsportlegenden Italiens, den legendären fünfmaligen Giro-Sieger Fausto Coppi. Kaum eine Italienradrundfahrt (Giro d'Italia), deren entscheidende Etappen nicht über diese Pässe führen.

AUF DEN SASS PORDOI

Vom Pordoijoch können Sie mit einer hochmodernen Seilbahn in 4 min die 700 Hm zum 2.950 m hohen Sass Pordoi überwinden, ein kurzer Abstecher, der sich lohnt! Das Panoramarestaurant Rifugio Maria an der Bergstation vermittelt Hochgebirgsfeeling und ermöglicht Traumausblicke. P an der Talstation

ZUR DEUTSCHEN KRIEGSGRÄBERSTÄTTE PORDOI

Im Ersten Weltkrieg verlief in der Nähe die Front zwischen Italien und Österreich, worauf auch ein eindrucksvolles Denkmal mit Soldatenfriedhof verweist. Ein breiter, ebener Weg durch Almgelände führt vom Pass in östlicher Richtung zum beeindruckenden Bauwerk, das vom Deutschen Volksbund betreut wird. Hier sind fast 10.000 Gefallene, die meisten aus dem Ersten Weltkrieg, bestattet. Der Ort fasziniert auch durch seinen exponierten Standort und den großartigen Ausblick.

30 min (Hinweg) 1,6 km keine wesentlichen Anstiege

Vom Pordoijoch fahren wir ins Gadertal, dabei geht die Straße bergab zum Dörfchen **Arabba**, im Winter ein viel besuchter Skiort, und steigt dann sanft bis zum **Campolongopass** (1.875 m) an. Hier überschreiten wir wieder eine Regionalgrenze und kommen vom Veneto nach Südtirol zurück. Der Reihe nach fahren wir durch die verschiedenen Dörfer, beginnend bei **Corvara** und zuletzt **St. Martin in Thurn**.

Gadertal

Dss Gadertal verdankt seinen Namen dem Gebirgsbach Gader und zieht sich von den Dolomiten nordwärts bis zum Pustertal hin. Im Oberteil breit und offen, präsentiert es sich als klassische Dolomitenlandschaft mit sanften Almen und grünen Wäldern, aus denen die imposanten gelb weißen Dolomit-Felsen emporragen. Bei St. Leonhard verengt es sich immer mehr, ab St. Martin in Thurn rücken die Talflanken verstärkt zusammen und bilden fast eine Schlucht. Für den oberen Talabschnitt südlich von St. Leonhard (San Linêrt) wird als Synonym zum Gadertal auch der Begriff Abteital verwendet, dort befindet sich auch das als Hochabtei (Alta Badia) international bekannte Tourismusgebiet, besonders die italienische Schickeria verbringt in den mondänen Hotels gerne den Ski- bzw. Sommerurlaub. Der Name Abtei (Badia) leitet sich von der einstigen territorialen Zugehörigkeit zur Benediktinerinnenabtei Sonnenburg im Pustertal her. Erster wichtiger Talort ist Corvara, es folgen Stern (La Ila), St. Leonhard (San Linêrt) und St. Martin in Thurn (San Martin de Tor). In Klammern verwenden wir die ladinischen Ortsnamen.

Ladinisch, die dritte Landessprache

Im Gadertal, im benachbarten Gröden, im Fassatal, in Buchenstein und im Ampezzaner Gebiet wird Ladinisch, eine rätoromanische Sprache, gesprochen. Sie hat sich nach der Romanisierung des Gebiets aus dem Vulgärlatein und aus Resten der Regionalsprache entwickelt. In Südtirol sind die Ladiner als Minderheit anerkannt, die Sprache wird mit Stolz gesprochen und bewusst gepflegt. Schulunterricht, regelmäßige Publikationen, Fernseh- und Radiosendungen in ladinischer Sprache unterstützen die Erhaltung des einmaligen Kulturerbes. Wenn Sie mal Ladinisch lesen möchten, schauen Sie am besten ins Internet, www.lausc.it ist ein ladinisches Nachrichtenportal.

Lech da Sompunt: Das Hotel-Restaurant liegt romantisch am Waldrand an einem kleinen Teich mit toller Aussicht. Neben lokalen ladinischen Spezialitäten verwöhnt das Haus mit Kuchen und Eis aus eigener Konditorei. Auch Hotelzimmer. Zufahrt (0,8 km) von La Villa aus. Sompunt 36, Badia, Tel. 338 6285643, www.lechdasompunt.it, P

Bevor wir St. Martin in Thurn erreichen, machen wir einen Stopp in **Pederoa**, an der Straßengabelung bei **Wengen**.

Textilien, Webwaren: Früher pflanzten die Bauern im Gadertal Flachs an, geblieben ist das Weberhandwerk: In **Pederoa** gibt's mehrere kleine handwerkliche **Webereien**. Hier werden Stoffe in Reinleinen, Halbleinen und in Baumwolle an Jacquard-Webstühlen mit

traditionellen Mustern zu Haustextilien verarbeitet. Webereien Gaidra, Gewerbezone 11, Pederoa, Tel. 0471 843106, www.gaidra.it, und Nagler, Gewerbezone 13, Pederoa, Tel. 0471 843188, www.tessituranagler.com

In wenigen Minuten sind wir in **St. Martin in Thurn** angelangt.

Museum Ladin Ciastel de Tor

Im Museum Ladin trifft eine mittelalterliche Schlossanlage mit Türmen, Wehrgängen und Schießscharten auf eine hochmoderne, ausgetüftelte Museumstechnik. Unter dem gläsernen Boden eines Ausstellungsraums ist eine Nachbildung der Dolomitenlandschaft ausgebreitet. Spannend wird videounterstützt von den Kämpfen um die Vorherrschaft im Gadertal zwischen Kardinal Cusanus vom Bistum Brixen und seiner Widersacherin, der Äbtissin Verena von der Sonnenburg, erzählt, auch wird umfassend und unterhaltsam über Kultur, Sprache und Geschichte der Ladiner informiert. Schloss Thurn, Torstraße 65, St. Martin in Thurn, Tel. 0474 524020, www.museumladin.it, P

Gasthof Dasser: der Kirchenwirt in St. Martin, wo sich an der Theke die Einheimischen zum Plausch treffen. In den rustikalen Stuben werden traditionelle ladinische Gerichte, italienische Vorspeisen und Wildspezialitäten serviert. Es gibt außerdem 16 Gästezimmer. St. Martin, Zentrum 11, Tel. 0474523120, www.dasser.it, So. abends und Mo. Ruhetag, P

Von St. Martin in Thurn fahren wir weiter talauswärts, bei **St. Lorenzen** mündet die Gadertaler Straße ins Pustertal und die Staatsstraße, die uns durch das grüne Pustertal, an den Orten Kiens, Vintl und Mühlbach vorbei nach Brixen zurückbringen wird. Auch auf diesem Streckenabschnitt gibt es noch einiges zu entdecken.

Mansio Sebatum

In St. Lorenzen widmet sich das moderne, kleine und feine Archäologiemuseum ganz der Römerzeit in der Region. Einst lag hier, am Flussübergang bei der Rienz, eine römische Siedlung. Auf insgesamt drei Stockwerken erzählt das Museum die spannende Siedlungsgeschichte der Straßenstation Mansio Sebatum. Multimediale und interaktive Installationen erleichtern den Einstieg in die Welt der Römer auf dem Lande vor 1.800 Jahren. Josef-Renzler-Straße. 9, St. Lorenzen, Tel. 0474 538196, www.@mansio-sebatum.it, P

Von St. Lorenzen geht es weiter talauswärts, bei Vintl legen wir einen Stopp bei der **Lodenwelt** ein (eigenes Straßenschild).

Wissen Sie, wie Loden hergestellt wird? Was es auf dem Weg vom Schaf zum fertigen Gewand dazu alles braucht? In der **Lodenwelt** und dem Lodenmuseum in **Vintl** erleben die Besucher hautnah und auf unterhaltsame Weise die einzelnen Produktionsschritte. Von der Decke baumeln Riesenlodenhosen, es darf gelacht werden! Pustertaler Straße 1, Vintl, Tel. 0472 868540, P

In der Käseerlebniswelt **Capriz** mit modernem Café-Bistro, Shop, Schaukäserei und Käse-Museum werden Weich-, Frisch- und Hartkäse von herausragender Qualität produziert. Käserei und Lodenwelt liegen am selben Betriebsgelände. Capriz Feinkäserei, Pustertaler Straße 1b, Vintl, Tel. 0472 869268, www.capriz.bz, P

Wieder zurück auf der Pustertaler Straße, ist es nicht mehr weit bis zur Abzweigung nach **Mühlbach**.

Mühlbach

Mühlbach war einst ein Grenzort, hier verlief bis 1500 die Grenze zwischen der Grafschaft Görz mit der Residenzstadt Lienz und jener von Tirol, Zeuge sind die Ruinen der gewaltigen Straßen- und Grenzfestung Mühlbacher Klause direkt an der Pustertaler Straße.

Nach Mühlbach bleiben wir auf der Pustertaler Straße, Achtung!, wir folgen nicht den Schildern zur Autobahn und nach Brixen, sondern fahren an der Kreuzung nach der Raststätte Lanz rechts ab (Schilder „Schabs"), überqueren die Schnellstraße und fahren auf der alten Pustertaler Straße auf **Brixen** zu, haben dabei einen wunderbaren Blick auf das Kloster Neustift, die Weinberge und auf Brixen, das in einem weiten Talgrund liegt, der Kreis schließt sich.

20 | Ins Villnößtal und übers Würzjoch

Brixen → St. Peter → Ranui → St. Magdalena → Würzjoch → Klerant → Brixen

⚠ **Reine Fahrzeit 1 h 52 min, 71,7 km**

Die folgende Tour bringt uns mit einer ungewöhnlichen Streckenführung direkt unter die Felswände der Dolomiten. Wir kommen ins Villnößtal, die Heimat des bekannten Bergsteigers, Weltenbummlers, Schlossherrn und Museumskurators Reinhold Messner, fahren über eine etwas schmale, für den Schwer- und Autobusverkehr (besser für uns, so ersparen wir uns komplizierte Ausweichmanöver) gesperrte Bergstraße über die Baumgrenze in ein Almgebiet. Wir kehren in urigen Berghütten und komfortablen Berggasthöfen ein, queren zur Plose, dem Ski- und Wanderberg der Brixner, und kehren über eine lange, aussichtsreiche Bergstraße wieder ins Tal zurück.

Von Brixen geht es auf der Staatsstraße südwärts, 2 km vor Klausen, nach dem Klammwirt, wechseln wir die Talseite, queren den Eisack und folgen den Schildern nach Villnöß. Wie alle Dolomitentäler ist auch das Villnößtal am Anfang eng und schluchtartig, um sich am Talschluss weit zu öffnen. Den ersten Stopp legen wir in der Talmitte, in **St. Peter**, ein.

St. Peter in Villnöß

Der Hauptort liegt am Sonnenhang, etwas erhöht über dem Talgrund. Vom Dorfplatz aus zeigen sich schon die zerklüfteten Dolomitengipfel der Geislergruppe mit ihrem höchsten Gipfel, dem Sass Rigais (3.025 m). Die Kirche ist den Apostelfürsten Peter und Paul geweiht, der markante, ungewöhnlich hohe Kirchturm ist mit seinen 65 m einer der höchsten im Land und auch höher als jener des Bozner Doms.

🍴 **Viel Nois:** Auf die Frage „Was gibt es Neues?" sagen die Einheimischen, nachdem sie das Restaurant, Pizzeria und Appartementhaus besucht und gesehen haben, im lokalen Dialekt: „Viel Nois!" Das Haus bietet viel Komfort und gute Küche im außergewöhnlichen Design. Restaurant, Pizzeria und Bar mit hausgemachtem Eis und Kuchen, Kinderspielecke, Terrasse, moderne Komfortzimmer und Spa-Abteilung. Peterweg 8, Villnöß, Tel. 0472 840526, www.vielnois.com, P

Bevor wir von St. Peter zum Würzjoch auffahren, fahren wir noch ein Stück ins Tal hinein, um das Naturparkhaus und noch etwas weiter das berühmte Kirchlein von **Ranui** zu besichtigen. Kurz vor der Ortschaft **St. Magdalena** biegen wir links ab und fahren zum Naturparkhaus P.

Naturparkhaus Puez-Geisler

Das moderne Naturparkhaus in St. Magdalena ist die zentrale Infostelle über die Dolomiten. Die Berge überblicken, das ist hier leicht, ein begehbares Luftbild ermöglicht es den Besuchern, den Naturpark aus der Vogelperspektive zu betrachten und detaillierte Landschaftseinblicke zu erhalten. Eintritt frei. St. Magdalena, Trebich 1, Villnöß, Tel. 0472 842523, P

Wieder zurück auf der Hauptstraße, fahren wir weiter taleinwärts, kurz vor der Abzweigung zur Zanser Alm (Ampel) liegt ein kleiner Parkplatz P.

St. Johann in Ranui

Das filigrane Kirchlein St. Johann in Ranui mit dem schlanken Zwiebelturm steht mitten in einer Wiese vor dem Hintergrund der Dolomitengipfel, ein Hotspot für Hobby- und Profi-Fotografen aus aller Welt. Der Andrang ist so groß, dass der Grundbesitzer sogar eine gebührenpflichtige Zugangsbeschränkung mit Schranke eingerichtet hat, damit die Wiese nicht zertrampelt wird! Das Kirchlein gehört zum nahen Ranui-Hof, ein reicher Kaufmann und Gastwirt aus Klausen baute ihn im 17. Jh. zum Jagd- und Feriensitz um und ließ ihn mit Fresken schmücken. Daneben hat die Besitzerfamilie ein schönes Landhotel mit Restaurant, den Ranuimüllerhof, gebaut. St. Johann 1, Villnöß, Tel. 0472 840182, www.ranuimuellerhof.com

Reinhold Messner und Villnöß

Messner, der wohl bekannteste lebende Südtiroler, stammt aus Villnöß, ist dort aufgewachsen und zur Schule gegangen, sein Heimathaus steht in St. Magdalena. Er wohnt schon lange nicht mehr im Tal, sein offizielles Domizil ist Burg Juval im Vinschgau, aber die Bindung zum Heimatort besteht noch immer. Kein Wunder, dass jemand, der aus Villnöß stammt, die Berge liebt. Wie er selbst erzählt und in einem seiner Spielfilme nachgezeichnet hat, ist er schon mit fünf Jahren, natürlich in Begleitung, auf den Sass Rigais gestiegen, das war sein erster Dreitausender. Leute aus aller Welt kommen nun nach Villnöß, um den Blick von St. Magdalena zu den Geislerspitzen zu erleben.

Von St. Magdalena und Ranui kehren wir wieder nach St. Peter zurück, die Straße biegt dort am Kirchplatz um den Kirchturm herum ab und schraubt sich auf der Sonnenseite des Tals in die Höhe, dabei geht der Blick zum Dörfchen St. Magdalena im Talschluss, dahinter steigen die Geislerspitzen in die Höhe, ein richtiges Postkartenmotiv. Die schmale Straße klettert unaufhaltsam höher, auf den 17 km bis zum Würzjoch überwinden wir über 900 Hm. Nach den letzten Bauernhöfen durchqueren wir Wald und Wiesen, kurz vor dem Joch geht es durch Almweiden. Die Felswände der Aferer Geisler und des Peitlerkofels begleiten uns im Südosten. Auf einer Höhe von 1.750 m überqueren wir auf einer Brücke den Russisbach, hier zweigt links eine Straße ab, wir merken uns die Stelle, über diese Straße wird dann unser Rückweg verlaufen. Wir bleiben aber auf der Passstraße und erreichen das **Würzjoch**.

Würzjoch

Zwischen den schroffen Spitzen der Aferer Geisler und den sanften Kuppen von Plose und Gabler liegen um das Würzjoch weite Wiesen und lichte Wälder, ein ideales Wandergebiet. Der mächtige Peitlerkofel, der im Süden seinen Gipfel (2.875 m) wie einen Finger in den Himmel streckt, wird wegen seiner Lage auch nordwestlicher Eckpfeiler der Dolomiten genannt. Während die Südwesthänge der im Westen anschließenden Plose, der Brixner Hausberg, durch Seilbahnen und Lifte erschlossen wurden, sind die baumfreien Almen und Bergrücken gegen das Gader- und Pustertal hin noch relativ unberührt. Wir sind am Würzjoch bereits im ladinischen Sprach-, Einfluss- und Gemeindegebiet, der natürliche Zugang erfolgt von der nahen Gadertaler Seite aus. Die Beschilderung an Straßen und Hütten ist selbstverständlich dreisprachig, ladinisch, deutsch und italienisch. So heißt das nächste Dorf im Gadertal ladinisch Antermëia, deutsch Untermoi und italienisch Antermoia, die Würzjochhütte ladinisch Ütia de Börz, das 1.986 m hohe Würzjoch ladinisch Ju de Börz und italienisch Passo delle Erbe.

Würzjochhütte – Ütia de Börz: Großzügig ausgebauter Berggasthof, bekannt gepflegte Küche, der Bruder der Hüttenwirtin ist ein renommierter Sternekoch bei Bozen, gut kochen liegt in der Familie! Auch Unterkunft in komfortablen Zimmern, Sauna. Würzjoch, Tel. 0474 520066 und 348 7019231, www.wuerzjoch.com, P

Es geht jetzt zurück, vom Würzjoch zur Plose und dann lang bergab nach Brixen. Dazu biegen wir beim Russisbach auf die LS 29 in Richtung Brixen ab, in einer Hangquerung geht es unterhalb der grasigen Hänge der Plose zu einer Straßenkreuzung beim Hotel

Vallazza an der Talstation Palmschoß. Die Hauptstraße würde nun in wenigen Kilometern bergauf zum Skigebiet der Plose führen, mit Parkplätzen, Berg- und Talstationen von Seilbahnen und Liften, kein besonders attraktiver Ort, deshalb schlage ich als lohnende Alternative eine Wanderung zur Schatzerhütte vor. Wir biegen beim Hotel Vallazza scharf rechts ab (gelbes Schild „Skihütte", „Hotelzone") und fahren auf einer Nebenstraße 3 km zum Parkplatz „Skihütte" an der Talstation des Pfannspitz-Lifts, beim Berghotel Schlemmer P.

ZUR SCHATZERHÜTTE

Vom Parkplatz „Skihütte" startet der breite Wald- und Wiesenweg, der in leichter Steigung ostwärts zu den Almen mit der **Schatzerhütte** führt. Die Hütte ist ein perfektes Ausflugsziel, leicht zu erreichen, vor fantastischer Dolomitenkulisse, frei gelegen. Die Küche von Franz Pernthaler ist auf hohem Niveau, wir sind immerhin auf 2.000 m! Es kommen neben einfacher Almkost bei Vorbestellung auch ausgefallene Gerichte auf den Tisch, die Lehrjahre in einem Sternelokal wirken nach. Die ausgebaute Scheune und drei moderne Chalets garantieren auch Übernachtungskomfort.

45 min (Hinweg) 2,3 km 120 Hm

Von der Schatzerhütte wieder zurück, erwartet uns eine lange, abwechslungsreiche Abfahrt ins Tal nach Brixen. Am Weiler **Afers** – wenige Häuser und ein Kirchlein – vorbei gelangen wir nach einer langen Waldstrecke nach **St. Andrä**, das auf einer breiten Geländeterrasse liegt, hier startet die Gondelumlaufbahn auf die Plose. Ehe wir im Tal anlangen, besuchen wir noch ein kunsthistorisches Kleinod, dazu biegen wir 2,4 km nach St. Andrä in einer Kehre links in den kleinen Weiler **Klerant** (850 m) ab. P

St. Nikolaus in Klerant

Von außen unscheinbar, birgt das Kirchlein St. Nikolaus in Klerant sehr gut erhaltene Fresken aus der Gotik der Brixner Malerschule von Meister Leonhard (um 1470). Neben Darstellungen zu den Legenden des hl. Nikolaus ist der Zyklus der Leiden Christi, der „Heilspiegel", von besonderer Bedeutung. Wir schmunzeln über das Bild des Elefanten: Der Künstler hat es aus der Fantasie gemalt, er hatte nie einen Elefanten gesehen, der sehr groß und stark sein sollte, mit einem Rüssel wie eine Trompete und großen Ohren. So malte er ein Fabeltier, der Rüssel zur Trompete geformt, Beine wie ein Pferd, Schuppen wie eine Echse. Es trägt einen hölzernen Gefechtsturm mit gerüsteten Kriegern. Und unter dem Bauch liegt ein Verteidiger und tötet den Elefanten durch einen Lanzenstich in die verwundbare Unterseite, er wird dann vom erlegten Tier erdrückt und stirbt. Wir wissen aus der Bibel, dass es sich um den judäischen Priester Eleazar handelt. Sein Opfertod spielt auf den Heilstod der Kreuzigung Christi an, die im selben Freskenfeld dargestellt wird, ein „Gnadenwerk des für die Menschheit sich opfernden Gottes". Das Kirchlein ist auch mit einem wunderbaren gotischen Flügelaltar ausgestattet und ist frei zugänglich.

Von Klerant kehren wir in rund 15 min immer talabwärts zurück nach Brixen.

21 | Ins Mühlwalder Tal bei Sand in Taufers

Bruneck → Sand in Taufers → Mühlwald → Lappach → Neves-Stausee → Bruneck

Reine Fahrzeit 1 h 30 min, 65 km

Weit und offen zeigt sich das bedeutendste Seitental des Pustertals, das bei Bruneck nach Norden in Richtung Zillertaler Alpen abzweigt. Der erste Teil, ein breites Trogtal, heißt Tauferer Tal. Nach dem Hauptort Sand in Taufers rücken die Berge zusammen, nach dem Fluss, der es durchfließt, wird es nun Ahrntal genannt; Die Burg Taufers thront auf einem Felsen und bewacht den Zugang. Links und rechts zweigen zwei kleine Seitentäler ab, unsere Tour führt in eines davon, ins Mühlwalder Tal. Die gewaltigen, vergletscherten Berge der Gegend – Hochfeiler, Hoher Weißzint, Möseler und Turnerkamp, um nur einige zu nennen – sind alle über 3.000 m hoch und bilden die Grenze zum österreichischen Zillertal.

Auf der SS 621 verlassen wir Bruneck in Richtung Norden, im Kreisverkehr nach dem Bahnübergang nehmen wir die erste Ausfahrt und folgen den Schildern nach **Dietenheim** (1 km) und zum Volkskundemuseum.

Volkskundemuseum Dietenheim

Im Herrenhaus Mayr am Hof wird das Leben adeliger Gutsherren spannend und unterhaltsam gezeigt. Auf dem angrenzenden Freigelände wurden Bauernhäuser und Wirtschaftsgebäude aus ganz Südtirol hierher verpflanzt und originalgetreu aufgebaut. Ein Besuch im Volkskundemuseum füllt locker einen halben Tag und ist ein ideales Kinder- und Jugendprogramm. Im Museumsgelände gibt es einen Grill- und Picknickplatz mit großen Tischen; also: Proviant nicht vergessen! Außerdem gibt es ein Museumsgasthaus mit Terrasse und historischer Kegelbahn, typische Südtiroler Spezialitäten, Eis, hausgemachte Kuchen (Tel. 0474 550781 oder 348 7551207). Tel. 0474 552087, www.volkskundemuseum.it, P

Von Dietenheim kehren wir wieder auf die Talstraße zurück, es geht jetzt ins Tal hinein, an St. Georgen vorbei bis nach **Gais**. Hier machen wir einen Abstecher zum Feuerwehrhelmmuseum.

Das Feuerwehrhelmmuseum in Gais

Franz Josef Mairhofer hat in Gais in seinem Hotel Burgfrieden eine weltweit einzigartige Sammlung von Feuerwehrhelmen aufgebaut: Über 700 prachtvolle Stücke aus aller Welt und verschiedenen Zeiten sind auf 200 m² ausgestellt, darunter Sammelstücke aus Leder, Stahl und Messing, auch welche mit Federschmuck. Besuch nach telefonischer Vereinbarung. Schloss-Neuhaus-Straße 7, Gais, Tel. 0474 504117, www.hotel-burgfrieden.com, P

Pfarrkirche in Gais

Kunstsinnige werden der Kirche einen Besuch abstatten. Sie ist eine der ältesten des Landes, besonders sehenswert ist die romanische Rundapsis mit Fresken aus dem frühen 13. Jh., darunter die bemerkenswerte Darstellung des Johannes des Täufers mit knöchellangem, wallendem Haar oder Fellmantel.

Von Gais fahren wir an Uttenheim vorbei in Richtung Sand in Taufers. Der Fluss Ahr begleitet uns streckenweise. Das Gewerbegebiet bei Mühlen in Taufers zeigt, dass neben Tourismus und Landwirtschaft auch die Kleinindustrie ein bedeutender Wirtschaftsfaktor im Tal ist. Nach Mühlen sollten wir eigentlich links ins Mühlwalder Tal abbiegen, aber wir fahren kurz nach **Sand in Taufers**, das bereits in Sichtweite vor uns liegt.

Sand in Taufers

Der große Ort Sand (5.300 Einwohner) mit einem verkehrsberuhigten, lebendigen Dorfkern, mit Geschäften und Gastbetrieben, ist Sitz der öffentlichen Verwaltung und einer Oberschule, das alles verleiht ihm fast einen städtischen Charakter. Der Ort gilt als Tor zum Naturpark Rieserferner-Ahrn und ist Sitz des Naturparkhauses. Beeindruckend ist der Blick zur Burg Taufers, die auf einem Felsen über den Ort Sand zu wachen scheint und gleichzeitig den Eingang zum engen Ahrntal bewacht, alles vor dem Hintergrund der Dreitausender, die auch im Sommer Eis- und Schneekappen tragen.

Wir halten uns nicht zu lange auf, wir wollen noch ins Mühlwalder Tal, deshalb fahren wir zurück, nach 1 km biegen wir auf die Straße ins Mühlwalder Tal ab. Vom Sandner Talkessel steigt die Straße über eine Geländestufe und führt nun fast eben taleinwärts bis zum Ort Mühlwald. Hier legen wir eine Pause ein.

MÜHLWALD

Der Name sagt alles: Hier gibt es reichlich Wald und Bäche, die auch im Sommer viel Wasser führen, weil sie von den Gletschern der umliegenden Bergriesen kommen, sie treiben Mühlen, Sägewerke und in neuerer Zeit auch E-Werke an. So ist es naheliegend, dass „Die Kraft des Wassers" zum Hauptthema der vier Themenwege erkoren wurde, die im Tal angelegt wurden. Zwei davon nehmen wir genauer unter die Lupe bzw. unter die Wanderschuhe. Kurz vor der Ortschaft Mühlwald, die etwas erhöht auf der Sonnenseite den Hang hinaufklettert, liegt der sogenannte Meggima-See oder Mühlwalder Stausee, nach der Pizzeria Meggima an seinem Ufer so benannt. Um den See wurde ein einfacher Spazierweg, teilweise aus Holzbohlen, angelegt.

15 min · 800 m · kein nennenswerter Höhenunterschied

Meggima am See, Bar-Restaurant-Pizzeria: ein perfektes Ausflugsziel – große Terrasse, verglaster Speisesaal mit Panoramablick, rustikal-modern, mit viel Holz und Glas. Mittags kleine Bistro-Karte, abends Restaurant und Pizzeria, wo sich bodenständige Südtiroler und italienische Klassiker treffen. Hauptort 4, Mühlwald, Tel. 0474 656013, www.meggima.eu

Von Mühlwald geht es weiter nach **Lappach** und zum **Neves-Stausee** im Talschluss.

Neves-Stausee

Von Lappach, dem Dorf im hintersten Mühlwalder Tal, führt eine sehr schmale und bis zu 22% steile Mautstraße weiter bis zu einer Staumauer, hinter der sich auf 1.850 m der große Neves-Stausee ausdehnt. Keine Angst, in der Hauptsaison regelt eine Ampel den Verkehr. Die beeindruckende Bogenstaumauer hat eine Kronenhöhe von 94 m. Der Staudamm wurde in den Jahren 1960–1964 errichtet, er speichert im Sommer das Schmelzwasser der großen Gletscher der Zillertaler Berge, die den See überragen.

RUND UM DEN NEVES-STAUSEE

Ab dem See entwickelt sich ein weites Netz von Wanderwegen, von einfach bis hochalpin, in die umliegenden Berge und zu bekannten Berghütten wie zur Edelrauthütte oder der Chemnitzer Hütte. Wir begnügen uns mit dem Seerundgang, er ist 4 km lang, gut trassiert und ausgeschildert. Es geht dabei auch über die beeindruckend hohe Dammkrone und über den mächtigen Gletscherbach, der den See speist. Am Weg finden wir mehrere Einkehrmöglichkeiten.

1 h 10 min 1 km 90 m

Für die Rückfahrt nehmen wir dieselbe Route wie für die Hinfahrt.

22 | Ins Ahrntal

Bruneck → Sand in Taufers → Ahornach → Steinhaus → Kasern → Bruneck

 **Reine Fahrzeit 2 h 5 min, 97 km**

Wie ein Finger ragt das Ahrntal ins benachbarte Österreich hinein, es ist der nördlichste Teil Südtirols und somit Italiens. Superlative umgeben uns: die meisten Dreitausender, die größten Gletscher, die wasserreichsten Wasserfälle des Landes. Dazu eine in weiten Bereichen noch unberührte Natur, großteils durch Naturparks geschützt. Keine Pässe führen zu den Nachbarn, alle Straßen enden am Talschluss, das bedeutet im Umkehrschluss auch keinen Durchzugsverkehr, gut für uns!

Von Bruneck nehmen wir die SS 621 ins Ahrntal. An der Dorfeinfahrt von Sand in Taufers, nach der frei in den Wiesen stehenden Pfarrkirche, biegen wir rechts in die Wiesenhofstraße ab, queren den Talboden sowie die Ahr und folgen den Schildern „Ahornach" für 2,1 km bergauf ins Reintal, zum Gasthof Toblhof. Hier legen wir einen Stopp ein, und besichtigen die Reinbach-Wasserfälle.

Wollbachspitze
P.ta di Valle
3210
Gr. Löffler
M. Lovello
3378
Valle Aurina
Neuhaus
Prettau
Predoi
1483
St. Maria
St. Peter
S. Pietro
Marche
St. Jacob
S. Giacomo
1164
Steinhaus
Cadipietra
1054
Ahrntal
Valle Aurina
621
Mühlegg
Costa Mulini
St. Johann
S. Giovanni
St. Martin
S. Martino
Oberluttach
Lutago di Sopra
962
Luttach
Lutago
Durreck
C. Dura
3135
Knuttental V. dei Dossi
Rein
Riva di Túres
1595
Eppach
Epago
Bachertal V. d. R
Poien
Poia
Ahrnbach
Ahornach
Acereto
1334
Säger
Reintal Valle di Riva
Burg Taufers
Castel Tures
Sand in Taufers
Campo Tures
874
Muhlen
Molini di Tures
Kematen
Caminata di Tures
Rieserfernergruppe
Magerstein
M. Magro
3273
Schwarze Wand
Croda Nera
3105
dei Molini
Sambock
M. Sommo
2418
840
Uttenheim
Villa Ottone
Naturpark Rieserferner-Ahrn
Parco Naturale Vedrette di Ries-Aurina
T. Aurino
Tauferer Tal Val di Tures
1241 Antholz M
Anterselva di
Schonbichl
Bel Colle
2452
Neuhaus
Mühlbach
Riomolino
Gais
859
Tesselberg
Montassilone
1470
2483
Rammelstein
Montone
Antholzer Tal Val di Anterselva
Dörf
Villa
Antholz Niedertal
Anterselva di Sotto
Sch. Kehlburg
Cast. di Chela
St. Georgen
S. Giorgio
Aufhofen
Villa S. Caterina
Greinwalden
Grimaldo
Oberwielenbach
Vila di Sopra
Dietenheim
Teodone
Rasen-Antholz
Rasun-Anterselva
Bruneck
Brunico
Sonnenburg
Castelbadia
838
Hl. Geist
Platten
Percha
Perca
Aschbach
Nasen
Nessano
Oberrasen
Rasun di Sopra
Lorenzen
Lorenzo
953
Reischach
Riscone
Niederrasen
Rasun di Sotto
Emmersberg
Obergoste
Costa sup.
Stefansdorf
S. Stefano
Niederolang
Valdaora di Sotto
Tais
Tesido
TABACCO

DIE REINBACH-WASSERFÄLLE

Die Wasserfälle in der Toblschlucht bei Sand in Taufers sind zwar nicht die höchsten, aber mit Sicherheit die wasserreichsten und spektakulärsten von ganz Südtirol. Über mehrere Stufen stürzen die Wassermassen des Reinbachs zwischen den Felswänden talwärts. Wir kürzen den Weg in die Schlucht ab und nehmen nicht den empfohlenen Zugang vom Talboden aus, sondern steigen von oben, vom Gasthof Toblhof, auf einem Steig mit Brücken und mit Handlauf versehenen Stiegen zu den spektakulärsten Stellen ab. Der Blick in die Tiefe der Schlucht, wo die Wasser tosend und sprühend über die Felsen stürzen, ist atemberaubend. Der Toblhof ist ein zünftiges Gasthaus für eine gemütliche Pause. Reintalstraße 42, Ahornach, Tel. 0474 678009, www.toblhof.it

Vom Toblhof fahren wir ins Bergdörfchen **Ahornach**, das am Sonnenhang auf 1.350 m oberhalb von Sand liegt.

Oberhalb von Sand in Taufers liegt der komfortable **Gasthof und Naturhotel Moosmair** mit Wirtshaus und dem Kräuter-Restaurant **Arcana**, einem kleinen, modern gestylten Tempel der Genüsse, in dem Wert auf einheimische Produkte, die Kraft der Wildkräuter und den natürlichen Rhythmus der Natur gelegt wird. Mo. und Di. Ruhetag. Ahornach 44, Sand in Taufers, Tel. 0474 678046, www.moosmair.it

Nach der Etappenrast beim Moosmair kehren wir nach Sand in Taufers zurück, den sehenswerten Hauptort des Tals, mehr dazu auf S. 142.

Burg Taufers

Die imposante Burg ist eine der schönsten und besterhaltenen Burganlagen Südtirols. Die mittelalterliche Anlage wurde im 15. und 16. Jh. zu einer weitläufigen Wohnburg mit vielen, z. T. mit Zirbenholz getäfelten Räumen ausgebaut. Große Bereiche sind zur Besichtigung freigegeben, so der Gerichtssaal, die Folterkammer, die Schlosskapelle, der Rittersaal, die Bibliothek und die Waffenkammer. Im Innenhof Burgschänke (Tel. 342 5131540, www.ritterschaenke.com). Besichtigung nur mit Führung, Termine siehe www.burgeninstitut.com, Tel. 0474 67805. Gute beschilderte Abfahrt zur Burg nach dem Ort Sand, an der Talstraße.

Naturparkhaus Rieserferner-Ahrn

Bei freiem Eintritt wird hier Wissen über die Bergwelt, die Kulturlandschaft des Ahrntals sowie über die Entstehungsgeschichte der Berge vermittelt. Rathausplatz 9, Sand in Taufers, Tel. 0474 677546, www.provinz.bz.it/naturparke, P

Nach der Dorf- und Schlossbesichtigung geht es tiefer in das engere, rauere Ahrntal: Von eindrucksvollen Bergen überragt, zieht es sich nach Nordosten hin und ragt wie ein Finger in das benachbarte Österreich hinein. Nach einer Reihe von schönen Dörfern, die alle im Talgrund liegen, etwa auf halber Strecke vor dem Talschluss, erreichen wir **Steinhaus**, einst das Zentrum der Bergwerksverwaltung.

Steinhauswirt: Das historische Wirtshaus war einst Teil der Bergwerksverwaltung und fügt sich harmonisch in das Dorfensemble mit Kirche, Lagerhaus, Herrenhaus und Gemeindehaus ein, die mit ihren altrosa Fassaden ein geschlossenes Erscheinungsbild abgeben. Alt wird mit neu kombiniert, im Erdgeschoss kehren die Tagesgäste ein, im Sommer wird im Innenhof oder im Gastgarten getafelt. Einfaches, Einheimisches und Pizza gesellen sich zu raffinierten italienischen Gerichten. Auch Hotel. Klausbergstraße 89, Steinhaus, Ahrntal, Tel. 0474 652241, 349 3674654, www.steinhauswirt.com

Kurz vor dem Talende liegt **Prettau**.

Schaubergwerk Prettau

Über 500 Jahre lang wurde in Prettau bestes Kupfererz geschürft und im Tal verhüttet. Das Bergwerk begründete den Wohlstand des ganzen Tals, das vom Kupferabbau, der Weiterverarbeitung und dem Handel damit geprägt war. 1971 wurde der Betrieb eingestellt. Heute besichtigen Besucher mit elektrisch betriebenen, kleinen Grubenbahnen die unterirdischen Stollen. In Teilen des Bergwerks ist ein Klimastollen eingerichtet: Tief im kühlen Fels wurde ein Arm des ehemaligen Erzstollens ausgebaut und dient jetzt der Therapie gegen Atemwegsbeschwerden. Die Luft ist dort absolut pollen- und reizstofffrei, es herrscht eine konstante Temperatur von 9° C und eine Luftfeuchtigkeit von 97 %. Patienten mit chronischen Asthmabeschwerden finden hier nach mehreren Aufenthalten deutliche Linderung. 75-minütige Führung etwa alle 20 min. Prettau, Tel. 0474 654298, www.bergbaumuseum.it

Weiter taleinwärts erreichen wir **Kasern** (1.600 m). Hier ist die Ahrntaler Talstraße zu Ende, in der Infostelle des Naturparks am gebührenpflichtigen Parkplatz P wird Wissenswertes zur gewaltigen Bergwelt der Umgebung vermittelt. Einfache Spazierwege führen zur Heilig-Geist-Kirche, zu nahen Almen oder Restaurants.

HEILIG-GEIST-KIRCHE

Die gotische frühere Knappenkirche Heilig Geist (1.619 m) für die Bergleute des nahen Kupferbergwerks in Prettau ist Wallfahrtskirche, beliebtes Hochzeitskirchlein und ein lohnendes Ausflugsziel inmitten der eindrucksvollen Ahrntaler Bergwelt. Ihr Freskenschmuck wurde immer wieder ergänzt, sodass Bilder aus der Gotik ebenso vertreten sind wie barocke Werke und Zeugnisse des Manierismus; beeindruckend ein gegeißelter Christus sowie eine seltene Darstellung der Heiligen Dreifaltigkeit. Vom Kreuz, das heute neben dem Altar hängt, wird erzählt, dass ein Schütze auf dem Weg zu einem Preisschießen aus purem Übermut auf den hölzernen Herrgott geschossen habe (die Einschusslöcher sind noch zu erkennen). Als Strafe für diesen Frevel spießte ihn auf dem Heimweg der Stier, den er beim Preisschießen gewonnen hatte, auf seine Hörner.

Zum Kirchlein führt vom Parkplatz P bei der Infostelle des Naturparks ein eindrucksvoller, alter, steinmauergesäumter Kreuzweg mit neuen Stationen, der eben und parallel zur in diesem Abschnitt verkehrsberuhigten Talstraße verläuft.

20 min 1,1 km keine nennenswerte Steigung

ZUR JÄGERHÜTTE

Ab dem Parkplatz P in Kasern ist auf einer leichten Wanderung die Jägerhütte erreichbar, diese urige, gemütliche Berghütte auf 1.700 m ist ein beliebtes und viel besuchtes Ausflugsziel. Gute einfache Küche, der breite Weg ist auch für Kinderwagen geeignet. Tel. 348 3651402

45 min (Hinweg) 2,4 km 80 Hm

Für den Rückweg nehmen wir wie für den Hinweg die SS 621.

23 | Über den Staller Sattel nach Osttirol

Bruneck → Antholz → Staller Sattel → Defreggen → Lienz → Bruneck

Reine Fahrzeit 2 h 50 min, 162 km

Diese Rundfahrt verbindet den Südtiroler Nordosten über den 2.052 m hohen Staller Sattel mit dem urigen Osttiroler Defereggental. Im Iseltal stoßen wir auf die Fernverbindung der Felbertauernstraße, die uns ins Städtchen Lienz bringt. Von dort geht es, über den österreichischen Teil des Pustertals, zum Toblacher Feld und, nun wieder in Südtirol, nach Innichen und nach Bruneck zurück. Wir erleben zwei herrliche Gebirgsseen, zwei Pässe, die gleichzeitig die Staatsgrenze zwischen Italien und Österreich bilden, zwei lebhafte, pulsierende Städtchen: Bruneck an unserem Ausgangspunkt und Lienz in Osttirol. Dazu eine Hochgebirgslandschaft von herber Schönheit und viel Sehenswertes an der Strecke.

Wir starten in **Bruneck**, verlassen den weiten Talkessel westwärts auf der SS Nr. 49, die den Namen der alten Römerstraße Alemagna trägt, unsere Route wird im Norden von den hohen Bergspitzen der Zillertaler Alpen und im Süden von den Ausläufern der Dolomiten

begleitet. Bei Olang nehmen wir die Abzweigung in das idyllische Antholzer Tal zum Alpenhauptkamm hin, nach Norden wird es von der mächtigen Rieserfernergruppe mit Hoch- (3.436 m) und Wildgall (3.273 m) abgeschirmt, im Tal liegen nacheinander die Weiler **Rasen**, **Antholz-Niedertal**, **-Mittertal** und **-Obertal**.

Biathlonzentrum

Antholz gilt als Mekka des Biathlonsports. Die jährlichen Weltcuprennen ziehen Tausende von Zuschauern an. Wer das Wettkampfstadion besichtigen möchte, hat auch die Möglichkeit, sich im Schießen zu versuchen. Das Gelände mit den Sportanlagen befindet sich nicht weit vom Antholzer See entfernt. Südtirol Arena 33, Rasen-Antholz, Tel. 0474 492390, www.biathlon-antholz.it, P

ANTHOLZER SEE

Zum Talende hin überwinden wir eine Geländestufe, auf der anschließenden Ebene breitet sich der Antholzer See aus, in seinem smaragdgrünen Wasser spiegeln sich die mächtigen Berggipfel der Rieserfernergruppe. Am Südufer liegen das bekannte Biathlonzentrum und Parkplätze P. Ein 4,5 km langer Spazierweg umrundet den See, der mit einer Fläche von 44 ha der drittgrößte natürliche See Südtirols ist.

Vom östlichen Seeufer aus zieht sich die LS 44 für 3,4 km in vielen Kurven bis zum Staller Sattel (2.052 m) hin.

Staller Sattel

Die Straße zum Pass wurde einst als Militärstraße zur Sicherung der Staatsgrenze gebaut, sie ist nun allgemein befahrbar und der Passübergang tagsüber geöffnet. Fahrzeuge dürfen, aufgrund der Enge der Straße, nur in eigenen Zeitfenstern hoch- und abfahren, eine Ampel mit Zeituhr regelt den Verkehr. Je höher wir kommen, desto grandioser wird die Aussicht. Schön, dass es keine Grenzkontrollen mehr gibt, nur mehr ein Schild weist auf den Grenzübertritt hin: willkommen, Österreich – arrivederci, Italia!

Vom Pass fahren wir nun auf österreichischer Seite talabwärts und erreichen kurz darauf den Parkplatz P am Südufer des idyllischen Obersees.

OBERSEE

Vom Parkplatz umrundet ein Fußweg den blauen See, es sind nur ca. 10 min Gehzeit zum bereits sichtbaren und herrlich am Nordufer gelegenen Gasthaus Obersee mit großer Terrasse, verglaster Veranda und gemütlicher Stube. Im Sommer treffen sich hier Wanderer und Alpinisten, im Winter Langläufer, Skitourengeher und Rodler. Geführt wird die Gastwirtschaft von Biathlon-Legende Gottlieb Taschler und seiner Familie. Oberrotte 65, St. Jakob in Defreggen, Tel. +43 680 1182971 oder 335 6945427, www.alpengasthaus-obersee.com

Die nun wieder breite Straße führt vom Pass in vielen Kurven und Serpentinen durch das enge Defereggental zum Hauptort des Tals, **St. Jakob in Defereggen**.

St. Jakob in Defereggen

Knapp 900 Einwohner zählt der Ort, der ein starkes wirtschaftliches Standbein im Tourismus hat. Ein Großteil des Gemeindegebiets liegt im Nationalpark Hohe Tauern, der im Westen an den Südtiroler Naturpark Rieserferner-Ahrn anschließt. Das frei zugängliche archäologische Talschaftsmuseum „Zeitreise Defereggen“ (Infos: Tel. +43 48736320) zeigt als imposantestes Ausstellungsstück einen ca. 1.000 Jahre alten Einbaum aus Zirbenholz, der vor einigen Jahren im Obersee am Staller Sattel gefunden wurde.

🍴 Wenig südlich von St. Jakob, nahe der Talstation der Bergbahn, liegt das komfortable **Hotel Jesacherhof**, ein guter Ort für ein gepflegtes Essen. Außerrotte 37, St. Jakob in Defereggen, Tel. +43 4873 5333, www.jesacherhof.at, P

🚗 Von St. Jakob fahren wir zum Tal hinaus, nach **Huben**, dort treffen wir auf das Iseltal und die Felbertauernstraße, der wir bis **Lienz**, dem Hauptort Osttirols, folgen.

Lienz

Für einen kurzen Stadtbesuch parken wir am Bahnhof P, überqueren die Hauptstraße, die Tiroler Straße, und sind in wenigen Schritten am Hauptplatz, von dem schon die Zwiebeltürme der Liebburg herübergrüßen. Lienz (12.000 Einwohner) liegt am Zusammenfluss von Isel und Drau, auf der wetterbegünstigten Alpensüdseite, auf 680 m, nahe der Grenze zu Italien. Die Einwohner behaupten, dass hier bereits ein Hauch von mediterranem Flair zu verspüren sei. Bei einem Cappuccino oder einem „Veneziano" an den Café-Tischen am Hauptplatz oder einem Bummel durch die verkehrsberuhigte Altstadt fühlt man diese „Brise" der italienischen Leichtigkeit. Das Herz der Stadt ist der großzügige Hauptplatz, seit jeher Zentrum der Stadt, gesäumt von Straßencafés und Geschäften und beherrscht vom barocken Bau der Liebburg. Sie war Anfang des 17. Jh. das Wohnschloss der Grafen Wolkenstein-Rodenegg, Lehnsherren und Inhaber der Herrschaft Lienz. Beim Bummel ins Zentrum gelangen wir bis zum Johannesplatz mit der Mariensäule; auf der Stirnseite, im Alten Rathaus, lohnt der Besuch des traditionsreichen Braugasthofs „Gösser Bräu".
Informationen zu Lienz: Tourismusverband Osttirol, Mühlgasse 11, Lienz, Tel. +43 50 212 212, www.osttirol.com

🍴 Im Herzen der Altstadt, im verwinkelten, denkmalgeschützten Alten Rathaus, ist das **Gösser Bräu** Restaurant, Gasthof und Bierlokal. Moderne Gerichte und gutbürgerliche Küche auf hohem Niveau, schneller Service und natürlich gutes Bier vom Fass – der Name verpflichtet. Johannesplatz 10, Tel. +43 4852 72174, www.goesser braeu-lienz.at

Wir verlassen Lienz westwärts, am großen Kreisverkehr folgen wir den Schildern „Bozen" und „Sillian" auf der BS 100, die Straße führt – dem Lauf der Drau entgegen – stetig bergauf. Nach ca. 10 min erreichen wir am Ortsende von Thal-Aue das Vitalpinum.

Vitalpinum in Thal-Aue

Aus der im Jahr 1886 gegründeten Latschenölbrennerei hat sich ein modernes Unternehmen entwickelt, das die Kräfte der Natur nutzt und zugänglich macht. In der Schaubrennerei kann man die Geheimnisse der Gewinnung reinster ätherischer Öle erfahren und im Wohlfühlgarten zahlreiche Sinnesstationen hautnah genießen, wie den Barfußweg mit Kneipp-Pfad, den Arnika-Brunnen, die Wasserspringschalen und den neuen Zirbenkraftplatz mit Wasserfall. Vitalpinum, Assling, Thal-Aue 13, Tel. +43 4855 81009, www.vitalpinum.com, P

Von Thal-Aue sind es auf der Bundesstraße noch knapp 20 km bis zu unserem nächsten Halt in **Sillian**.

Sillian

Mit etwas über 2.000 Einwohnern ist Sillian die größte Gemeinde des „Oberlands", wie dieser Talabschnitt des östlichen Pustertals genannt wird. Besuchen, wenn Zeit bleibt! Naschkatzen gehen in Pichler's Schokoladenwelt in der Kirchgasse und kosten feinste Schokolade. Am Marktplatz steht der alte steinerne Pranger, wo Halunken öffentlich dem Spott ausgesetzt wurden. Schön auch die Kirche, prunkvoll und harmonisch im Stil des späten Barocks, umgebaut und ausgeschmückt. Infos: Tel. +43 050 212300, www.osttirol.com, P

Von Sillian fahren wir nach **Innichen** und anschließend nach **Toblach**, bei **Winnebach** geht's über die inzwischen unsichtbare Grenze auf italienisches Staatsgebiet.

Innichen

Innichen ist ein stattliches Dorf (3.350 Einwohner, 1.173 m), bereits die Römer unterhielten hier die Straßenstation Littamum, aus dem frühen Mittelalter stammt der mächtige romanische Dom. Es ist ein besonders bei italienischen Sommer- und Wintergästen beliebtes Urlaubsziel mit fast schon kleinstädtischem Charakter. Die schicken Läden, Cafés und Restaurants laden zum Bummeln und Flanieren ein. Sehenswert sind die Stiftskirche und der Dombezirk, eines der Hauptwerke der Romanik im Alpenraum, unweit davon die barocke Pfarrkirche zum hl. Michael mit dem runden Turm und der Zwiebelhaube. Informationen über Innichen: www.drei-zinnen.info

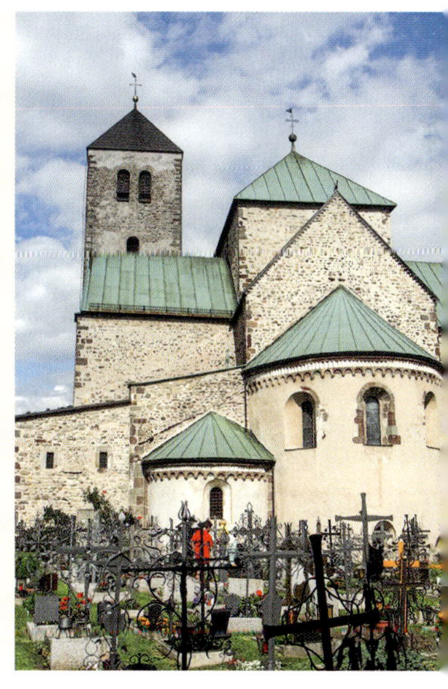

Toblach

Toblach (3.350 Einwohner) ist nicht nur seiner schönen Lage inmitten von weiten Wiesen und Bergen wegen so bekannt, sondern auch deshalb, weil es die Wasserscheide zwischen Italien und Österreich bildet. Die Rienz fließt, aus den Dolomiten im Süden kommend, in

die Adria, die Drau, die in Toblach entspringt, in die dem Schwarzen Meer zuströmende Donau. Von den zwei Ortsteilen liegt das historische Alt-Toblach mit der mächtigen Pfarrkirche auf der Sonnenseite des Tals, der neue Ortsteil mit einer Hotelsiedlung und dem riesigen Komplex des ehemaligen Grandhotels, jetzt als Kultur- und Kongresszentrum genutzt, beim Bahnhof im Süden P. Das Grandhotel war in der Blüte des Dolomitentourismus (der bis zum Ersten Weltkrieg andauerte) 1914 mit über 300 Zimmern eines der größten und modernsten Hotels Europas und empfing gekrönte Häupter, Geld- und Blutadel. Jetzt ist darin das Besucherzentrum des Naturparks Drei Zinnen untergebracht (Eintritt frei). www.grandhotel-toblach.com. Musikbegeisterte kennen Toblach auch als Ferienort von Gustav Mahler, der hier in den Sommermonaten von 1908 bis 1910 urlaubte.

Von Toblach führt die Straße mit ganz geringem Gefälle bis Niederdorf und weiter über Welsberg und Olang in Richtung Bruneck. An den meisten der schönen Dörfer werden wir durch Umfahrungsstraßen vorbeigeleitet, es geht entspannt der Rienz entlang durch das breite Tal, wegen seiner Wälder und Wiesen auch das grüne Pustertal genannt.

Niederdorf, Welsberg, Olang

Der Reihe nach geht die Fahrt durch Niederdorf, Ausgangsort für eine eventuelle Fahrt zum viel besuchten, romantischen Pragser Wildsee; dann durch Welsberg, vom gleichnamigen Schloss überragt und gleichzeitig Tor zum urigen Gsieser Tal; Olang liegt am Fuß des beliebten Skibergs Kronplatz, der bereits auf das Städtchen Bruneck herabblickt.

Von Olang geht es über Percha westwärts und dann bergab in ein weites Talbecken, in dem der Hauptort **Bruneck** liegt. Den weiten Talkessel säumen im Norden die hohen Bergspitzen der Zillertaler Alpen und im Süden die Ausläufer der Dolomiten, hier endet unsere Rundtour.

24 | Vom Hochpustertal nach Cortina und Sexten

Innichen → Cortina → Pieve di Cadore → Passo San Antonio → Sexten → Innichen

⚠ Reine Fahrzeit 2 h 50 min, 141 km

Bei dieser Rundfahrt queren wir die Dolomiten in Nord-Süd-Richtung. Unterwegs bummeln wir durch den mondänen Ferienort Cortina und besuchen eines der Museen von Bergsteigerlegende Reinhold Messner. Wir stoßen bis nach Pieve di Cadore vor, der Geburtsstadt des Malergenies Tizian, hier drehen wir wieder nach Norden und kehren über eine landschaftlich reizvolle Nebenstrecke über das Sextner Tal nach Innichen zurück. Wir kommen durch die Naturparks der Drei Zinnen, der Ampezzaner Dolomiten und jenem von Fanes-Sennes-Prags. Schönste Dolomitenlandschaft, türkisfarbene Seen, schroffe Felswände begleiten uns, im Mittelteil liegen mit Cortina und Pieve di Cadore zwei sehenswerte Kleinstädte.

Los geht's in Innichen, die Staatsstraße bringt uns mit kaum merkbarer Steigung durch weite Wiesen nach Toblach (siehe auch S. 158), wo wir nach Süden, den Schildern „Cortina" folgend in das Höhlensteintal abbiegen. Nach wenigen Kilometern treffen wir auf den Toblacher See (1.259 m), ein Kleinod in großartiger Gebirgslandschaft. Weiter geht's durch Wald und Wiesengrund, flankiert von hohen Bergen südwärts, kurz vor dem Dürrensee erreichen wir den „Drei-Zinnen-Blick".

Drei-Zinnen-Blick

Bei km 124 der SS 51 zeigt sich in einem Taleinschnitt im Osten ein einzigartiges Panorama, einer der wenigen Plätze, wo sich die Drei Zinnen von der Straße aus zeigen. Eine Abfahrt zum Parkplatz P links mit einer Aussichtsplattform lädt zum Schauen ein. Auf der rechten, westlichen Straßenseite zieht das große Gasthaus-Restaurant Drei-Zinnen-Blick die Gäste an.

In wenigen Minuten ab dem Parkplatz erreichen wir den Dürrensee.

Dürrensee

Nach wenigen Kilometern folgt die Straße dem Ufer des smaragdgrünen Dürrensees, in dem sich die Felszacken des Cristallo-Massivs spiegeln. Er ist der wärmste See im Hochpustertal, mit feinem weißen Kieselstrand – Baden erlaubt!

Jetzt geht es nach Cortina. Bei der Wegteilung in **Schluderbach**, einst zur k. u. k. Zeit Nobelhotel und nun ein Appartementhaus, halten wir uns rechts, die Route zieht sich durch Almwiesen und schütteren Wald zur höchsten Stelle, dem Sattel **Cimabanche** (**Im Gemärk**, 1.530 m), hin. Kurz nach dem Sattel liegt an der Straße das Pilgerhospiz Ospitale mit historischem Gasthaus (www.ristoranteospitale.com, Tel. 0436 4585) und Kirchlein, Autofahrer sind willkommen. Bergab gelangen wir ins Tal des Boite, bald ist Fiames, ein Vorort Cortinas, erreicht, noch wenige Kilometer und wir sind am alten Bahnhof, im Zentrum **Cortinas**, angelangt, wo wir am Bahnhofsplatz versuchen, einen Parkplatz zu ergattern P.

Cortina

Cortina gilt als einer der schönsten Ferienorte der Alpen, nicht umsonst nennen ihn die Italiener „Königin der Dolomiten". Das 5.800 Einwohner zählende Städtchen liegt in einem nach Süden offenen, weiten Talkessel auf 1.200 m inmitten von Wiesen und ist von einem Kranz mächtiger Gipfel umgeben. Bekannt wurde der Ort auch als Kulisse zahlreicher Kinofilme – von „Der rosarote Panther" mit Peter Sellers, „James Bond 007 – In tödlicher Mission" mit Roger Moore bis zu „Cliffhanger" mit Sylvester Stallone – und durch die Austragung der Olympischen Winterspiele 1956. Im Februar 2021 war Cortina Austragungsort der Ski-WM, 2026 soll wieder die Winterolympiade stattfinden. Ein Bummel über den mondänen Corso Italia in der Fußgängerzone, wo die Schickeria flaniert und in den Schaufenstern der letzte Modeschrei präsentiert wird, ist ein Muss. Auf der Terrasse vom Hotel de la Poste an der zentralen Piazza Roma 14, Tel. 0436 4271, gönnen wir uns vor der Weiterfahrt noch einen Espresso.

In der **Cooperativa**, einem Einkaufstempel im Zentrum Cortinas mit über hundertjähriger Tradition, werden wir auf über 4000 m² bei der Suche nach einem Mitbringsel mit Sicherheit fündig. Hier bekommt man fast alles, von Kunsthandwerk über Haushaltsartikel und Lebensmittel bis zu trendiger Sportmode. Corso Italia 40, Cortina, P

Wer es eilig hat und im Zentrum von Cortina speisen möchte, geht ins **Ristorante Pizzeria Ariston**, Via Marconi 10, Cortina, Tel. 0436 866705, www.ristorantearistoncortina.it

Wer im Grünen mit Dolomitenblick tafeln will, fährt vom Zentrum Cortinas 6 km zur Talstation der Tofana-Seilbahn, zum **El Camineto**, einem als Berghütte „getarnten" feinen Restaurant in prachtvoller Panoramalage am Fuß der Tofana. Rumerlo 1, Cortina, Tel. 0436 4432, www.ilmeloncino.it

Von Cortina geht es nun südwärts in Richtung **Pieve di Cadore**, wir haben das Museum am Monte Rite als Ziel, verlassen hier (22 km ab Cortina) die Staatsstraße und das Tal des Boite und biegen rechts bei Venas nach Cibiana ab. Auf einer kleinen Straße sind es noch 10 km Fahrt bis zum **Passo Cibiana**, hier startet der Shuttlebus zum Museum.

MMM – Messner Mountain Museum Dolomites

„Es gibt keinen spektakuläreren Blick auf die für mich schönsten Berge der Welt als vom Dach oder den Glasrondellen des MMM Dolomites!", sagt Messner zu diesem magischen Ort. Die Italiener nennen es auch Museo nelle Nuvole (Museum in den Wolken), es ist eines der sechs Südtiroler Bergmuseen von Reinhold Messner. Auf der 2.181 m hohen Spitze des Monte Rite geht es um Fels und Alpinismus in den Dolomiten. www. messner-mountain-museum.it, www. monterite.it. Zufahrt mit Shuttlebus (Mauro Menardi, Tel. 335 547397) ab Passo Cibiana, P

Pieve di Cadore

Wo sich das Tal des Piave und jenes des Boite zu einem Talkessel weiten, liegt der Lago di Pieve di Cadore und am Südosthang der Hauptort Pieve di Cadore (4.100 Einwohner). Schon die Römer siedelten hier, und im 15./16. Jh. entstanden jene stattlichen Gebäude, darunter das Rathaus mit dem mächtigen Turm, die heute noch das Stadtbild bestimmen. Damals stand Pieve unter der Herrschaft Venedigs, unter der Turmuhr ist der marmorne Markus-Löwe angebracht und erinnert an diese Zeit. Wenige Schritte abseits des Hauptplatzes von Pieve liegt das Geburtshaus des berühmten Renaissancemalers Tizian, der hier als Tiziano Vecellio Ende des 15. Jh. zur Welt kam. Im Haus wurde eine Gedenkstätte eingerichtet. www.magnificacomunitadicadore.it

Das Cadore und die **Brillen**: Ist es Ihnen schon aufgefallen? Überall finden sich Brillengeschäfte, das Gebiet um Cadore ist das „Silicon Valley" der Brillenindustrie, über 700 Firmen stellen Gestelle und Linsen her, der börsennotierte Weltkonzern Luxottica (80.000 Beschäftigte in 150 Ländern, Marken: Ray-Ban, Oakley und andere) hat seine Wurzeln im Cadore-Gebiet. Warum also nicht ein Schnäppchen wagen? Im Brillensupermarkt der Firma Demenego misst der Optiker mit modernstem Gerät Ihre Sehstärke, und in 15 min sind die Brillen fertig. Die Preise sind unschlagbar! Via Nazionale 49, Calalzo di Cadore, www.demenego.it

Von Pieve di Cadore schlagen wir jetzt die Heimroute ein, es geht nun nordwärts, kurz nach Pieve machen wir noch einen Stopp in **Calalzo.**

ZU DEN ARCHÄOLOGISCHEN FUNDEN BEI LÀGOLE

In der Nähe des Bahnhofs von Calalzo bei Pieve, in einem Wäldchen, sprudeln etliche Mineralquellen aus dem Boden und bilden einen kleinen Bach, der in einen Teich mündet. Schon vor der Römerzeit galt dieser Ort als heilig und die Wasser als wundertätig, bei Grabungen wurden bronzene Votivgaben gefunden, die im Museum in Pieve ausgestellt sind. Von der Südseite des Bahnhofs führt eine Straße zum Café Chalet Lagole (Tel. 340 9950943) an einem Teich, dort Parkplatz P. Von hier beschilderter Steig zu diesem magischen Quell-Ort.

10 min (Hinweg) 400 m 25 m

Ein Staudamm sperrt kurz vor Auronzo das Tal ab, sodass der Ansiei-Fluss den großen und schmalen See von Santa Caterina bildet. Zwei martialische geflügelte Markus-Löwen am Damm dokumentieren die Zugehörigkeit des Gebiets zur Region Veneto. An der Ortskirche mit dem freistehenden großen Turm biegen wir scharf rechts ab, verlassen die Talstraße, die Auffahrt zum Pass beginnt. Hier sehen wir schon die Straßenschilder, die uns Padola, den **Passo San Antonio** und Innichen (39 km) angeben.

Passo San Antonio

Der Passo San Antonio (1.476 m) verbindet das Gebiet von Auronzo di Cadore mit dem Comelico Superiore. Das Gebiet um den Pass und Padola ist landschaftlich herrlich, im Westen türmen sich die wilden Zacken der Sextener Dolomiten auf und beherrschen das Landschaftsbild, im Süden liegt die Marmarole-Gruppe mit dem 3.263 m hohen Antelao.

Kurz nach dem Sattel San Antonio liegt rechts der kleine See Sant'Anna mit einem **Chalet-Restaurant**, ein romantisches Plätzchen für eine Rast. Nur Juli und Aug. 10–19 Uhr geöffnet. Tel. 348 8606737, www.caravanparksexten.it

Noch wenige Kilometer und wir sind am **Kreuzbergpass** (1.640 m), dem Übergang ins Südtiroler Gebiet von Sexten. Von Wäldern, Almwiesen und dem Karnischen Kamm zur Rechten und den Sextener Dolomiten zur Linken begleitet, geht die breite, gut ausgebaute Straße durch das wunderschönes Sextner Tal mit den Ortsteilen **Sexten-Moos** und **Sexten-St.Veith**.

Die Sextner Sonnenuhr

Im Westen des Tals steigen die Gipfel der eindrucksvollen Sextner Sonnenuhr auf. An deren Spitzen lässt sich, je nach Sonnenstand, die Uhrzeit ablesen, elf Uhr am Elferkofel, zwölf Uhr am Zwölferkofel, ein Uhr am Einserkofel, usw. Kein Wunder, dass diese Landschaft als Naturpark Drei Zinnen unter Schutz steht.

Die wenigen Kilometer bis **Innichen**, wo unsere Rundfahrt endet, begleiten uns ein munterer Bach, Wiesen und Lärchenwälder.

Südtirols schönste Seiten

Luisa Righi/Stefan Wallisch
Südtirol verstehen
43 Antworten zu einem besonderen Land
96 S., ISBN 978-3-85256-722-8

Luisa Righi/Stefan Wallisch
Überleben in Südtirol
Zwischen Bergen, Knödeln und Dolce Vita
96 S., ISBN 978-3-85256-793-8

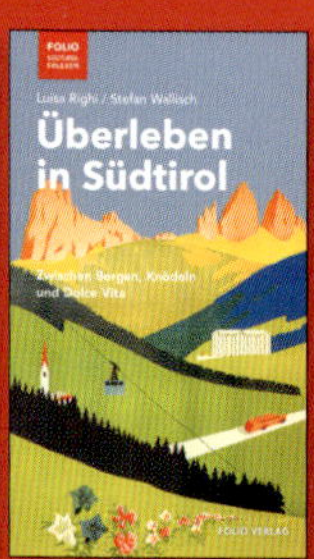

Oswald Stimpfl
Der Meraner Höhenweg
96 S., ISBN 978-3-85256-785-3

Oswald Stimpfl
Südtirols schönste Waalwege
Wanderungen am Wasser für die ganze Familie
128 S., ISBN 978-3-85256-844-7

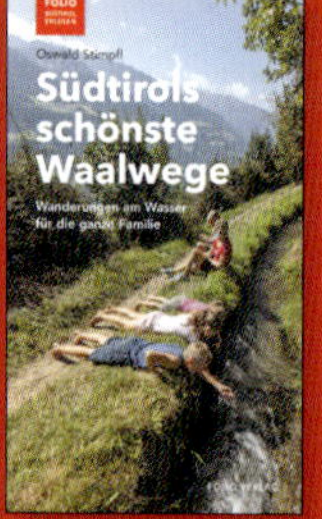

Oswald Stimpfl
Die schönsten Wanderungen rund um Meran
Leichte und lohnende Ziele
128 S., ISBN 978-3-85256-808-9

Anja Eichelsdörfer
Alpenpässe in Südtirol
Ein Wanderbuch
160 S., ISBN 978-3-85256-824-9

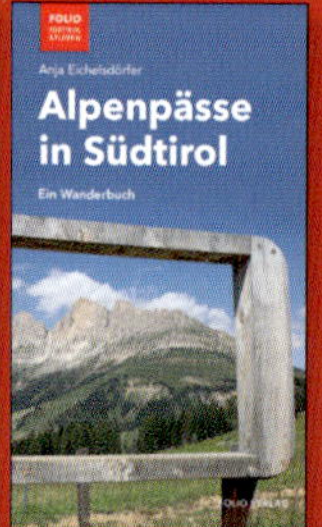

Oswald Stimpfl
Südtirols schönste Almhütten
Wandern, einkehren, genießen
144 S., ISBN 978-3-85256-807-2

Christoph Tscholl
Wein erleben in Südtirol
Ausgewählte Weingüter und Kellereien
192 S., ISBN 978-3-85256-794-5

www.folioverlag.com